职业院校五年制
汽车类专业
新形态教材

汽车发动机检修

主　编 ——— 方道生　徐小花

副主编 ——— 王林龙　张朝斌

参　编 ——— 叶子郁　张　希

U0659731

QICHE FADONGJI

JIANXIU

北京师范大学出版集团
BEIJING NORMAL UNIVERSITY PUBLISHING GROUP
北京师范大学出版社

图书在版编目（CIP）数据

汽车发动机检修/方道生，徐小花主编. —北京：北京师范
大学出版社，2024.9
ISBN 978-7-303-29803-7

Ⅰ.①汽…　Ⅱ.①方…　②徐…　Ⅲ.汽车－发动机－检
修－高等职业教育－教材　Ⅳ.①U472.43

中国国家版本馆CIP数据核字（2024）第009520号

图书意见反馈：zhijiao@bnupg.com
营销中心电话：010-58802755　58800035
编辑部电话：010-58806368

出版发行：北京师范大学出版社　www.bnupg.com
　　　　　北京市西城区新街口外大街12-3号
　　　　　邮政编码：100088
印　　刷：优奇仕印刷河北有限公司
经　　销：全国新华书店
开　　本：889 mm×1194 mm　1/16
印　　张：16.25
字　　数：256千字
版　　次：2024年9月第1版
印　　次：2024年9月第1次印刷
定　　价：50.80元

策划编辑：林　子　　　　责任编辑：林　子
美术编辑：焦　丽　　　　装帧设计：楠竹文化
责任校对：陈　民　　　　责任印制：马　洁　赵　龙

目　录
C o n t e n t s

项目 ❶ 认识发动机

项目描述

汽车发动机是汽车的动力源,是由多种机构和系统组成的复杂机器,是把其他形式的能量转化为机械能的机器。现代汽车发动机的结构形式很多,本项目要求会识别各种汽车发动机的类型及型号,掌握汽车发动机的工作原理和主要性能指标,了解汽车发动机的总体构造。

通过本项目的学习,要在知识、技能、行为习惯、职业素养等方面达到学思用贯通、知信行统一,养成精益求精的工匠精神、绿色环保的责任意识以及吃苦耐劳的卓越品质,并将尊重创造、敬业奉献、服务人民融入学习生活中。

学习路径

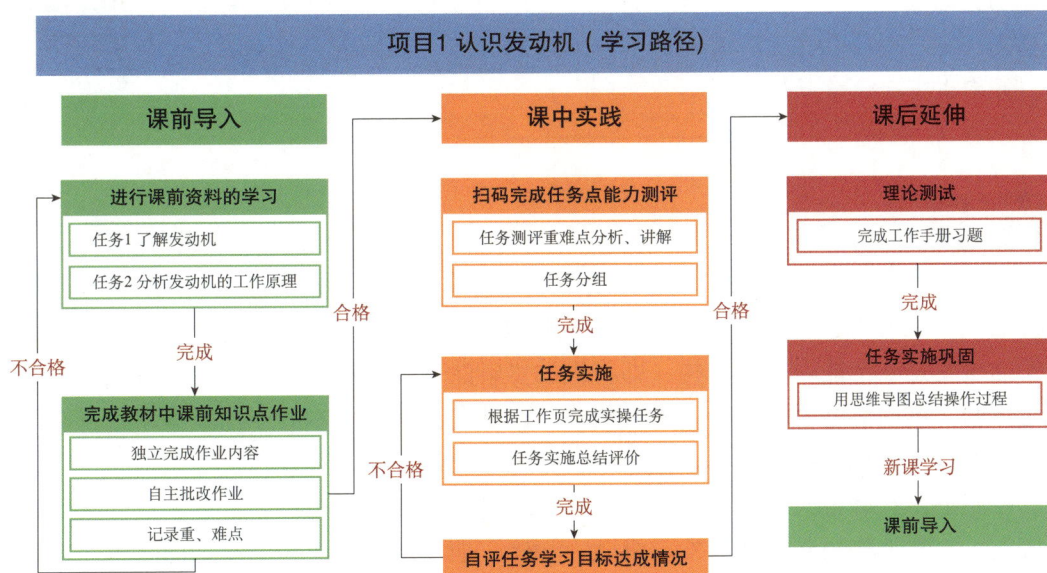

学习目标

项目1

任务1 了解发动机
- 1.能说出发动机的分类。
- 2.能识别发动机的编号。
- 3.会分析发动机主要性能指标。
- 4.能说出发动机的主要组成部件。
- 5.增强民族自豪感，提高环保意识和服务意识。

任务2 分析发动机的工作原理
- 1.能说出发动机的基本术语。
- 2.会分析四冲程汽油机的工作原理。
- 3.能说出四冲程柴油机和汽油机的主要区别。
- 4.能够养成规范意识及精益求精的工匠精神。

任务 1 了解发动机

任务案例

王女士想买一辆价值约 25 万元的车，但是不知道如何挑选。通过与王女士沟通，了解到她一般是在市区开车，想要省油一些的车。那么，作为汽车专业人员，你应该如何给她建议呢？

课前导入

同学们，为了完成本次工作任务，请在课前利用多种途径查阅资料预习相关知识点，也可扫一扫右方二维码进行课前资料学习，熟悉相关应知应会知识点，并完成下面的学习任务。

课前学习资料

知识点 1 发动机的简介

发动机是汽车的心脏，可以为汽车的行驶提供动力，它关系着汽车的动力性、经济性和环保性。简单讲，发动机就是一个能量转换机构，即将汽油（柴油）或天然气的热能，通过在密封气缸内燃烧气体并使之膨胀，推动活塞做功，转变为机械能，这是发动机最基本的原理。发动机所有结构都是为能量转换服务的，发动机伴随着汽车走过 100 多年的历史，无论是在设计上、制造上、工艺上，还是在性能上、控制上，都有很大的提高，但其基本原理仍然未变。这是一个富有创造性的时代，那些发动机设计者们，不断地将最新科技与发动机融为一体，把发动机变成一个复杂的机电一体化产品，使发动机性能达到近乎完美的程度。现在的汽车发动机不仅注重汽车动力的体现，更加注重能源消耗、尾气排放等与环境保护相关的方面，使人们在悠闲地享受汽车文化的同时，也能保护环境并节约资源。

🔧 小 试 牛 刀

通过知识点 1 的学习，想一想，汽油发动机的作用是（　　　）

A. 将机械能转化成化学能　　　　　　　B. 将化学能转化成机械能

C. 将机械能转化成热能　　　　　　　　D. 将化学能转化成热能

🚗 知 识 点 2　发动机历史的简介

1. 国外发动机的发展史

汽车整体技术日新月异，而汽车的心脏——发动机的技术进步更受人们关注。在如今的汽车发动机中，可变气门正时技术、双顶置凸轮轴技术、缸内直喷技术、VCM 气缸管理技术、涡轮增压技术等，都已经得到相当广泛的运用。在用料上也是往轻量化的方向发展，其中全铝发动机的应用已经非常广泛。与此同时，汽车造成了环境的污染，于是，新能源技术，即燃料电池、混合动力、纯电动、生物燃料技术等也已经有普及的趋势。回顾发动机的历史，或许更能理解这 100 多年来汽车技术所发生的巨大变革。

18 世纪中叶，瓦特发明了蒸汽机，此后人们开始设想把蒸汽机装到车子上用于载人。法国的居纽（N.J.Cugnot）是第一个将蒸汽机装到车子上的人。

往复活塞式四冲程汽油机是由德国人奥托（Nikolaus A. Otto）在大气压力式发动机基础上，于 1876 年发明并投入使用的。由于采用了进气、压缩、做功和排气四个冲程，发动机的热效率从大气压力式发动机的 11% 提高到 14%，而发动机的重量却降低了 70%。

1892 年，德国工程师狄塞尔（Rudolf Diesel）发明了压燃式发动机（柴油机），实现了内燃机发展史上的第二次重大突破。

1926 年，瑞士人布什（A.Buchi）提出了废气涡轮增压理论，利用发动机排出的废气能量来驱动压气机，给发动机增压。20 世纪 50 年代后，废气涡轮增压技术开始在车用内燃机上得到应用，使发动机性能有了很大提高，成为内燃机发展史上的第三次重大突破。

1967 年，德国博世（Bosch）公司首次推出由电子计算机控制的汽油喷射系统（Electronic Fuel Injection，EFI），开创了电控技术在汽车发动机上应用的历史，成为内燃机发展史上的第四次重大突破。

2. 国内发动机的发展史

国产汽车发动机伴随着中国汽车工业的发展而发展，已成为中国汽车工业发展的动力基础。国产发动机从 60 多年前日产 15 台（即月产量 450 台左右），发展到有四家国产发动机制造企业月产量超过 10 万台，其中最高的月产量达 17.68 万台（截至 2024 年 1 月统计数据）；从 60 多年前的一个型号、一种产品发展到今天的近千个型号、两三千种产品；发动机功率由 60 多年前的 85 马力提高到现在的 750 马力。

1956 年 4 月 29 日我国第一台 CA10 型 85 马力汽车发动机诞生，当天共生产了 15 台，正式揭开了中国汽车发动机制造历史的序幕。1983 年 CA10 改型为 CA15，最高年产量达到 8.2 万台。20 世纪 60 年代前后，南京汽车制造厂开始生产"跃进"2.5 吨载货车、1.5 吨越野汽车，其后北京汽车制造厂的 BJ212 越野车、济南汽车制造厂的"黄河"载货车和上海汽车制造厂"上海"牌轿车也先后投产，国产发动机品种不断增加，技术不断提高。

2022 年度的国产发动机品牌，在技术水平上有着较好的表现，如表 1-1-1 所示。

表 1-1-1　2022 年国产发动机

品牌	发动机	适用车型
吉利	雷神智擎 Hi·X 混动系统专用发动机 DHE15	星跃 L
东风	马赫动力 MHD 混动系统发动机	东风风神奕炫 MAX 混动版
长城	1.5T 柠檬混动 DHT 系统发动机	魏牌拿铁
北汽	魔核 1.5T 发动机	北京 X6
长安	蓝鲸新一代 2.0T 发动机	UNI-K
星途	2.0TGDI 400T 发动机	揽月 400T
广汽传祺	第三代 1.5TGDI 发动机	影豹

小试牛刀

请你选择一款国产汽车品牌，介绍它的发展史以及它目前的市场定位。

_____

_____

_____

_____

_____

_____

_____

_____

知识点 3　发动机的分类

1. 按活塞运动方式分类

活塞式内燃机可分为往复活塞式（见图 1-1-1）和旋转活塞式（见图 1-1-2）两种。往复活塞式内燃机指活塞在气缸内做往复直线运动，旋转活塞式内燃机指活塞在气缸内做旋转运动。

图 1-1-1 往复活塞式发动机

图 1-1-2 旋转活塞式发动机

2. 按照所用燃料分类

汽车发动机按照所使用燃料的不同可以分为汽油机和柴油机。使用汽油作为燃料的发动机称为汽油机,如图 1-1-3 所示;使用柴油为燃料的发动机称为柴油机,如图 1-1-4 所示。另外也有一些发动机使用其他液体或气体(如酒精、植物油、天然气等)作为燃料,这些发动机往往根据结构和工作原理划入汽油机或柴油机。

汽油机与柴油机各有特点:汽油机转速高,体积小,质量轻,工作中振动及噪声小,起动容易,制造成本低,但热效率和经济性不如柴油机,适用于中、小型汽车尤其是高速汽车;柴油机转速低,压缩比大,热效率高,燃料消耗率低,经济性能和排放性能比汽油机好,但体积大,质量大,工作中振动及噪声较大,起动性差(尤其是低温时),价格高,超负荷运转时容易冒黑烟,最大功率时的转速低,适用于载货汽车。

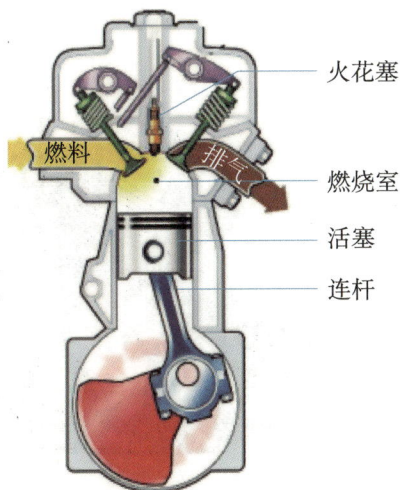

火花塞
燃料
排气
燃烧室
活塞
连杆

图 1-1-3 汽油机

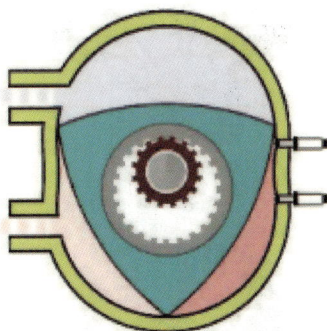

喷油器
排气门
进气门
活塞
连杆
曲轴

图 1-1-4 柴油机

3. 按照行程分类

汽车发动机按照完成一个工作循环所需冲程数的不同可分为四冲程发动机和二冲程发动机。曲轴转两圈(720°),活塞在气缸内上下往复运动四个行程,完成一个工作循环的发动机称为四冲程发动机，如图1-1-5所示；曲轴转一圈（360°），活塞在气缸内上下往复运动两个行程，完成一个工作循环的发动机称为二冲程发动机，如图1-1-6所示。

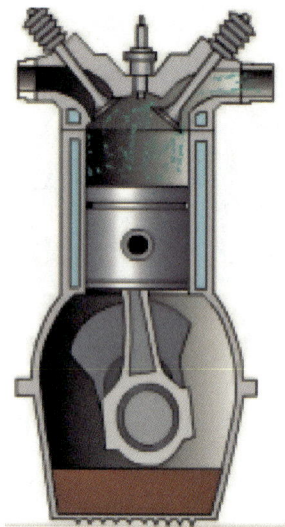

图1-1-5 四冲程发动机

图1-1-6 二冲程发动机

二冲程发动机体积小，质量小，结构简单，制造、维修方便，可靠性高，价格便宜，但油耗高、排放高，主要用于一些对质量、体积和可靠性要求较高的汽车或摩托车；四冲程发动机体积大，结构复杂，制造成本高，维修麻烦，但油耗低、排放低，润滑效果好，运转平稳，输出功率高，故用于大多数汽车。

4. 按照冷却方式分类

汽车发动机按照冷却方式的不同可以分为水冷发动机和风冷发动机。利用在气缸体和气缸盖冷却水套中进行循环的冷却液作为冷却介质进行冷却的发动机称为水冷发动机，如图1-1-7所示；以空气作为冷却介质的发动机称为风冷发动机，如图1-1-8所示。

图1-1-7 水冷发动机

图1-1-8 风冷发动机

水冷发动机冷却均匀，水路和冷却强度可调节，工作可靠，冷却效果好，被广泛地应用于现代汽车。风冷发动机结构简单，质量小，维护使用方便，对气候变化适应性强，起动快，不需要散热器，但缸体和缸盖刚度差，振动大，噪声大，容易过热，被一些军用汽车和个别载货汽车采用。此外，风冷发动机还用于缺水地区。

5. 按照气缸数目分类

汽车发动机按照气缸数目的不同可以分为单缸发动机和多缸发动机。仅有一个气缸的发动机称为单缸发动机，如图 1-1-9 所示；有两个及两个以上气缸的发动机称为多缸发动机，如图 1-1-10 所示。汽车发动机常用缸数有 3 缸、4 缸、5 缸、6 缸、8 缸、10 缸、12 缸、16 缸。

单缸发动机工作不平稳，转速波动大，振动大，且随着转速或排量的增加而增大，但其结构简单、质量小，结构尺寸小，制造成本较低，维护方便。多缸发动机在同等缸径下，缸数越多排量越大，功率越高；在同等排量下，缸数越多，缸径越小，提高转速可获得较大功率；同时多缸发动机运转平稳，振动与噪声较小。但缸数越多，发动机本身的能量损失就越大，发动机的重量也会增加，设计也会越复杂，维护成本会越高，因此不是缸数越多越好。现代汽车都采用多缸发动机。微型汽车发动机多为 3 缸，小型载货汽车、客车和中型以下轿车发动机多为 4 缸；中型载货汽车、大型轿车及客车发动机为 6 缸；重型汽车一般为 6～8 缸。

图 1-1-9　单缸发动机

图 1-1-10　多缸发动机

6. 按照气缸排列方式分类

汽车发动机按照气缸排列方式的不同分为 L 型、V 型、H 型和 W 型四种。所有的气缸均按同一角度肩并肩排列成一列的发动机称为 L 型（直列式）发动机，如图 1-1-11 所示；所有的气缸分成两列，相邻的气缸以一定的夹角布置在一起，使两列气缸形成两个有一定夹角的平面（左右两列气缸中心线的夹角 $\gamma < 180°$），从侧面看气缸呈 V 字形的发动机称为 V 型（水平对置式或卧型）发动机，如图 1-1-12 所示；将 V 型发动机每侧气缸再进行小角度的错开（如帕萨特 W8 的小角度为 15°），从侧面看气缸呈 W 字形的发动机，称为 W 型发动机，W 型发动机的气缸排列也可以认为是由两个小 V 形组成一个大 V 字形，W 型发动机是德国大众专属的发动机技术，如图 1-1-13 所示；左右两列气缸之间的夹角等于 180° 的 V 型发动机又称为 H 型（水平对置式）发动机，如图 1-1-14 所示。

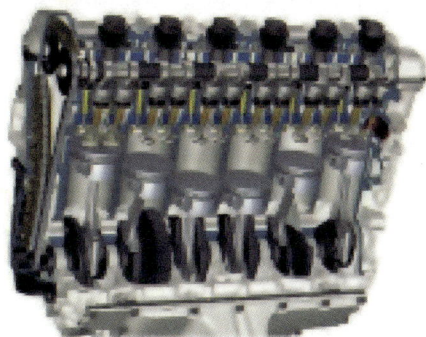

图 1-1-11　L 型发动机

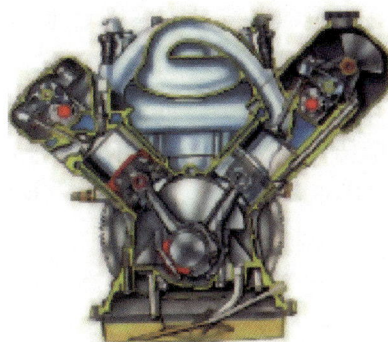

图 1-1-12　V 型发动机

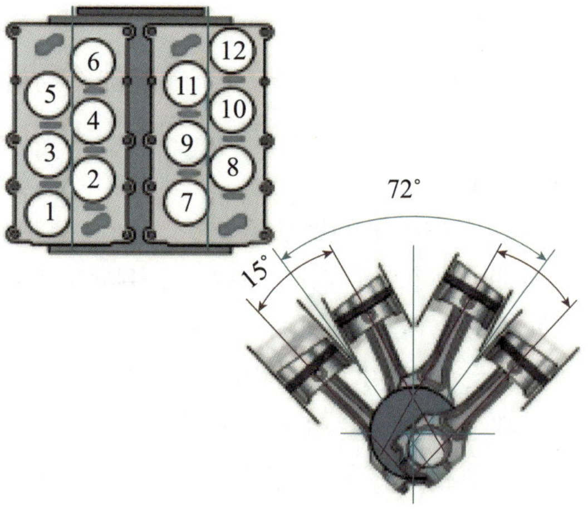

图 1-1-13　W 型发动机

图 1-1-14　H 型发动机

L 型（直列式）发动机结构简单、体积小、制造成本低、运转平衡性和操控性好、燃料消耗率低，但是 L 型发动机随着缸数的增加长度也将增加，所以缸数受到限制，最大功率也受到限制，主要有 L3、L4、L5、L6 型。L 型发动机在国产汽车中应用十分广泛，几乎所有中档以下的国产车及采用四缸发动机的车型都是直列发动机，宝马的 L6（直列 6 缸）发动机在技术含量、缸数、性能表现上都是直列发动机的极致。

V 型发动机的气缸之间相互错开布置，这缩短了机体的长度和高度。发动机高度的缩短可以降低汽车迎风面积，满足汽车空气动力学的要求；发动机长度的缩短可以增加驾乘舱的空间，还可以扩大气缸直径和气缸数来提高发动机的排量和功率；发动机气缸的对向布置，可抵消一部分振动，使发动机运转更平顺。但 V 型发动机结构复杂、制造成本高、保养和维修较为困难。V 型发动机从 V3 到 V5、V6、V8、V10、V12、V16 型都有，排气量可以从很小做到很大。

W 型发动机比 V 型发动机的长度更短，质量更轻，体积更小。但 W 型发动机的结构过于复杂，制造成本高昂，其宽度更大，发动机室更满。W 型发动机是大众的专利技术，只有大众集团旗下的顶级车型上才使用 W 型发动机，目前主要有 W12 和 W16 型。

H 型（水平对置式）发动机的气缸平放，降低了机体的高度和汽车的重心，车头可以设计得又扁又低，增强了汽车的行驶稳定性和操控性；H 型（水平对置式）发动机水平对置的气缸布局使其较 V 型发动机活塞运动平衡性、发动机运转平顺性更好（180° 左右抵消），油耗更低、功率损耗更小。但水平对置发动机的结构复杂，造价和养护成本高。且由于机体较宽，不好布局。另外，由于重力的原因，使气缸的上侧得不到充分润滑。日本富士汽车的富士 WRX-STI 和德国保时捷的 911 车型采用的都是水平对置发动机。

7. 按照进气系统是否采用增压方式分类

发动机按照进气系统是否采用增压式可以分为自然吸气（非增压）式发动机和强制进气（增压）式发动机两种。如图 1-1-15 所示，空气未经压缩直接供入气缸内的发动机称为自然吸气（非增压）式发动机；如图 1-1-16 所示，将空气预先压缩后再供入气缸的发动机称为强制进气（增压）式发动机。

发动机增压可以分为机械增压、气波增压、废气涡轮增压、复合增压四种常见的系统。废气涡轮增压是最常见的增压装置，如图 1-1-17 所示，它是利用发动机排出的废气惯性冲力来推动涡轮室内的涡轮，涡轮又带动同轴的叶轮，叶轮压送由空气滤清器管道送来的空气，使之增压进入气缸。增压使进入燃烧室内的空气质量大幅度提高，发动机的功率及转矩可增大 20%～30%。但采用增压技术后使发动机强度、机械加工精度、装配技术等要求更严格。同时采用涡轮增压后会出现动力输出反应滞后，即突然加速时，瞬间会有提不上速度的感觉。

空气 空气

空气 空气

叶轮 涡轮

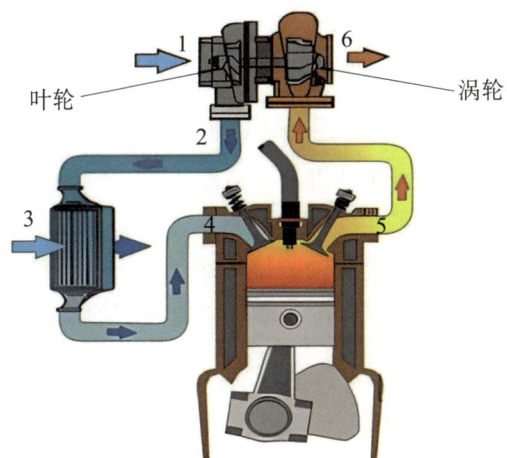

1-增压器进气口；2-气体流向；3-中冷器；
4-进气道；5-排气道；6-废气出口

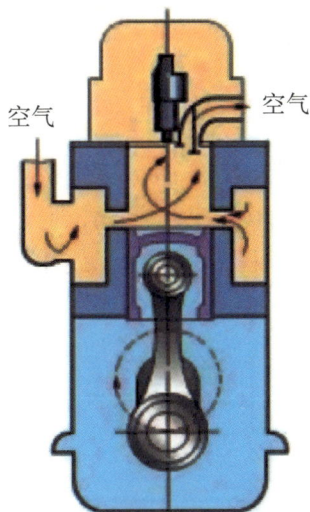

图 1-1-15 自然吸气式发动机　　图 1-1-16 增压式发动机　　图 1-1-17 废气涡轮增压器

小试牛刀

1. 汽车发动机按照活塞运动方式的不同，可以分为 _____ 和 _____ 两种。

2. 汽车发动机按照所使用燃料的不同可以分为 _____ 和 _____。

3. 汽车发动机按照完成一个工作循环所需的冲程数可分为 _____ 发动机和 _____ 发动机。

4. 汽车发动机按照冷却方式的不同可以分为 _____ 发动机和 _____ 发动机。

5. 汽车发动机按照气缸数目的不同可以分为 _____ 发动机和 _____ 发动机。

6. 汽车发动机按照气缸排列方式的不同分为 _____、_____、_____、_____ 四种。

7. 发动机按照进气系统是否采用增压方式可以分为 _____ 式发动机和 _____ 式发动机两种。

8. 请你介绍一款车型，结合知识点 3 的分类方式，进行说明。

_____

_____

9. 请你列举目前采用转子式发动机的车型。

_____

_____

10. 请你列举三款采用强制进气式发动机的车型。

_____

_____

知识点 4 发动机的主要组成

发动机是一种由许多机构和系统组成的复杂机器。无论是汽油机，还是柴油机；无论是四冲程发动机，还是二冲程发动机；无论是单缸发动机，还是多缸发动机，要完成能量转换，实现工作循环，保证长时间连续正常工作，都必须具备以下机构和系统。

1. 曲柄连杆机构

曲柄连杆机构（见图 1-1-18）是发动机实现工作循环，完成能量转换的主要运动零件。它由机体组、活塞连杆组和曲轴飞轮组等组成。在做功行程中，活塞承受燃气压力在气缸内做直线运动，通过连杆转换成曲轴的旋转运动，并从曲轴对外输出动力。而在进气、压缩和排气行程中，飞轮释放能量又把曲轴的旋转运动转化成活塞的往复直线运动。

活塞连杆组

机体组

曲轴飞轮组

图 1-1-18　曲柄连杆机构

2. 配气机构

配气机构（见图 1-1-19）的功能是根据发动机的工作顺序和工作过程，定时开启和关闭进气门和排气门，使可燃混合气或空气进入气缸，并使废气从气缸内排出，实现换气过程。配气机构大多采用顶置气门式配气机构，一般由气门组和气门传动组组成。

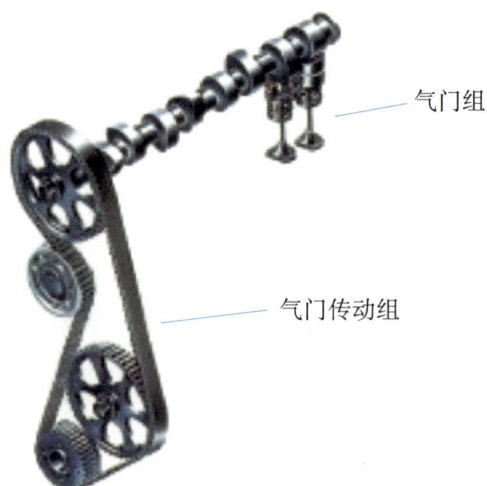

气门组

气门传动组

图 1-1-19　配气机构

3. 燃料供给系统

燃料供给系统（见图 1-1-20）的功用是根据发动机的要求，配制出一定数量和浓度的混合气，供入气缸，并将燃烧后的废气从气缸内排出到大气中；柴油机燃料供给系统的功用是把柴油和空气分别供入气缸，在燃烧室内形成混合气并燃烧，最后将燃烧后的废气排出。

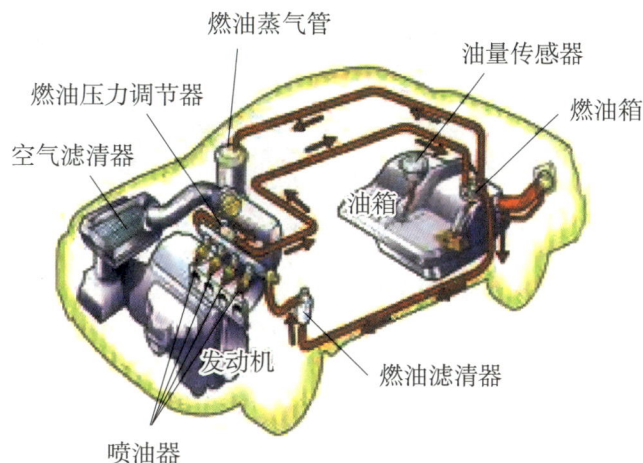

图 1-1-20 燃料供给系统

4. 润滑系统

润滑系统（见图 1-1-21）的功用是向做相对运动的零件表面输送定量的清洁润滑油，以实现液体摩擦，减小摩擦阻力，减轻机件的磨损，并对零件表面进行清洗和冷却。润滑系统通常由润滑油道、机油泵、机油滤清器和一些阀门等组成。

图 1-1-21 润滑系统

5. 冷却系统

冷却系统（见图 1-1-22）的功用是将发动机受热零部件吸收的部分热量及时散发出去，保证发动机在最适宜的温度状态下工作。水冷发动机的冷却系统通常由冷却水套、水泵、风扇、水箱、节温器等组成。

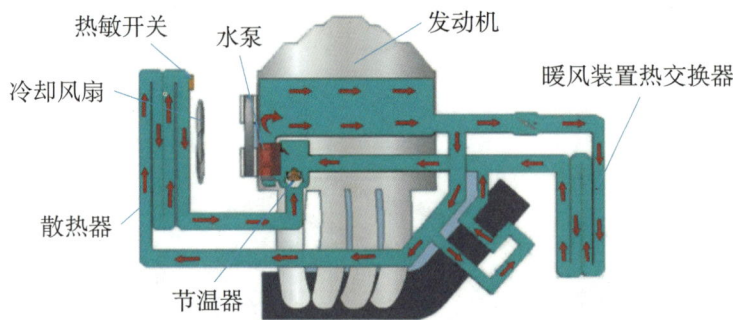

图 1-1-22　冷却系统

6. 点火系统

点火系统（见图 1-1-23）的功用是按照发动机的工作顺序定时产生足够强度的电火花把混合气点燃。点火系统通常由蓄电池、发电机、分电器、点火线圈和火花塞等组成。

7. 起动系统

要使发动机由静止状态过渡到工作状态，必须先用外力转动发动机的曲轴，发动机才能自行运转，工作循环才能自动进行。因此，曲轴在外力作用下从开始转动到发动机开始自动地怠速运转的全过程，称为发动机的起动。完成起动过程所需的装置，称为发动机的起动系统，如图 1-1-24 所示。

汽油机由以上两大机构和五大系统组成，即曲柄连杆机构、配气机构、燃料供给系统、润滑系统、冷却系统、点火系统和起动系统。柴油机由两大机构和四大系统组成，即曲柄连杆机构、配气机构、燃料供给系统、润滑系统、冷却系统和起动系统。柴油机是压燃的，不需要点火系统。

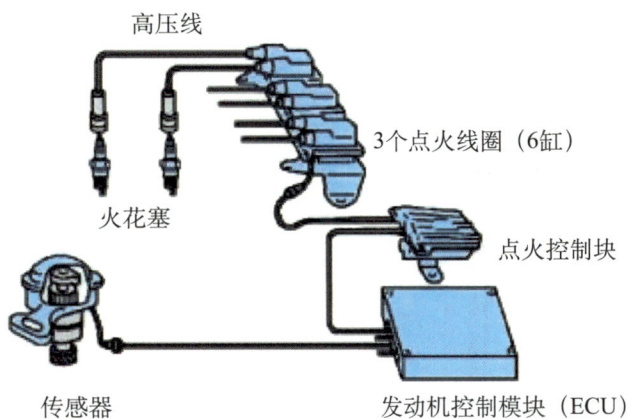

图 1-1-23　点火系统

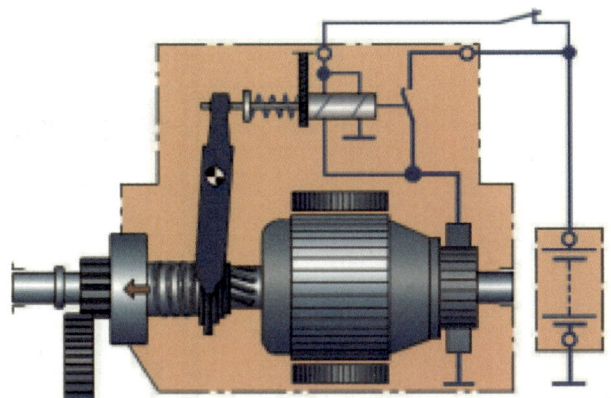

图 1-1-24　起动系统

小试牛刀

通过知识点 4 的学习，对汽油发动机的组成用思维导图方法进行总结。

知识点 5 发动机的主要性能指标

发动机的性能指标是用来衡量发动机性能好坏的标准。发动机的主要性能指标有动力性能指标、经济性能指标和排放性能指标。

1.动力性能指标

动力性能指标指曲轴对外做功能力的指标，包括有效转矩、有效功率和曲轴转速。

有效转矩：有效转矩是指发动机通过曲轴或飞轮对外输出的转矩，通常用 T_e 表示，单位为 N·m。有效转矩是作用在活塞顶部的气体压力通过连杆传给曲轴产生的转矩，克服了摩擦、驱动附件等损失之后从曲轴对外输出的净转矩。

有效功率：有效功率是指发动机通过曲轴或飞轮对外输出的功率，通常用 P_e 表示，单位为 kW。有效功率是曲轴对外输出的净功率。它等于有效转矩和曲轴转速的乘积。发动机的有效功率可以在专用的试验台上用测功器测定，测出有效转矩和曲轴转速后，用下面公式计算出有效功率：

$$P_e = T_e \cdot \frac{2\pi \cdot n}{60} \times 10^{-3} = \frac{T_e \cdot n}{9550} \ (kW)$$

式中　T_e——有效转矩，N·m；

　　　n——曲轴转速，r/min。

曲轴转速是指发动机曲轴每分钟的转数，单位为 r/min。发动机产品铭牌上标明的功率及相应转速称为额定功率和额定转速。按照汽车发动机可靠性试验方法的规定，汽车发动机应能在额定工况下连续运行 300～1000h。

2.经济性能指标

通常用燃油消耗率来评价内燃机的经济性能。燃油消耗率是指单位有效功率的燃油消耗量，也就是发动机每发 1kW 有效功率在 1h 内所消耗的燃油质量（以 g 为单位），燃油消耗率通常用 g_e 表示，其单位为 g/kW·h，计算公式为

$$g_e = \frac{1000G_T}{P_e} \ (g/kW \cdot h)$$

式中　G_T——每小时的燃油消耗量，kg/h；

　　　P_e——有效功率，kW。

很明显，有效燃油消耗率越小，表示发动机曲轴输出净功率所消耗的燃油越少，其经济性越好。通常发动机铭牌上给出的有效燃油消耗率 g_e 是最小值。

3.排放性能指标

排放性能指标包括排放烟度、有害气体（CO、HC、NO_x）排放量、噪声等。

小试牛刀

1.发动机的主要性能指标有 _____、_____、_____。

2. 动力性能指标主要包括有效 _____、有效 _____ 和 _____。

3. 排放性能指标包括 _____、_____ 和 _____ 等。

4. 有效功率通常用 _____ 表示，单位为 _____。

5. 有效扭矩通常用 _____ 表示，单位为 _____。

知识点 6 识别发动机的编号

为了便于内燃机的生产管理和使用，国家标准《内燃机产品名称和型号编制规则》（GB/T 725—2008）中对内燃机的名称和型号作了统一规定。

1. 内燃机型号的排列顺序及符号所代表的意义

内燃机型号的排列顺序及符号所代表的意义规定如图 1-1-25 所示。

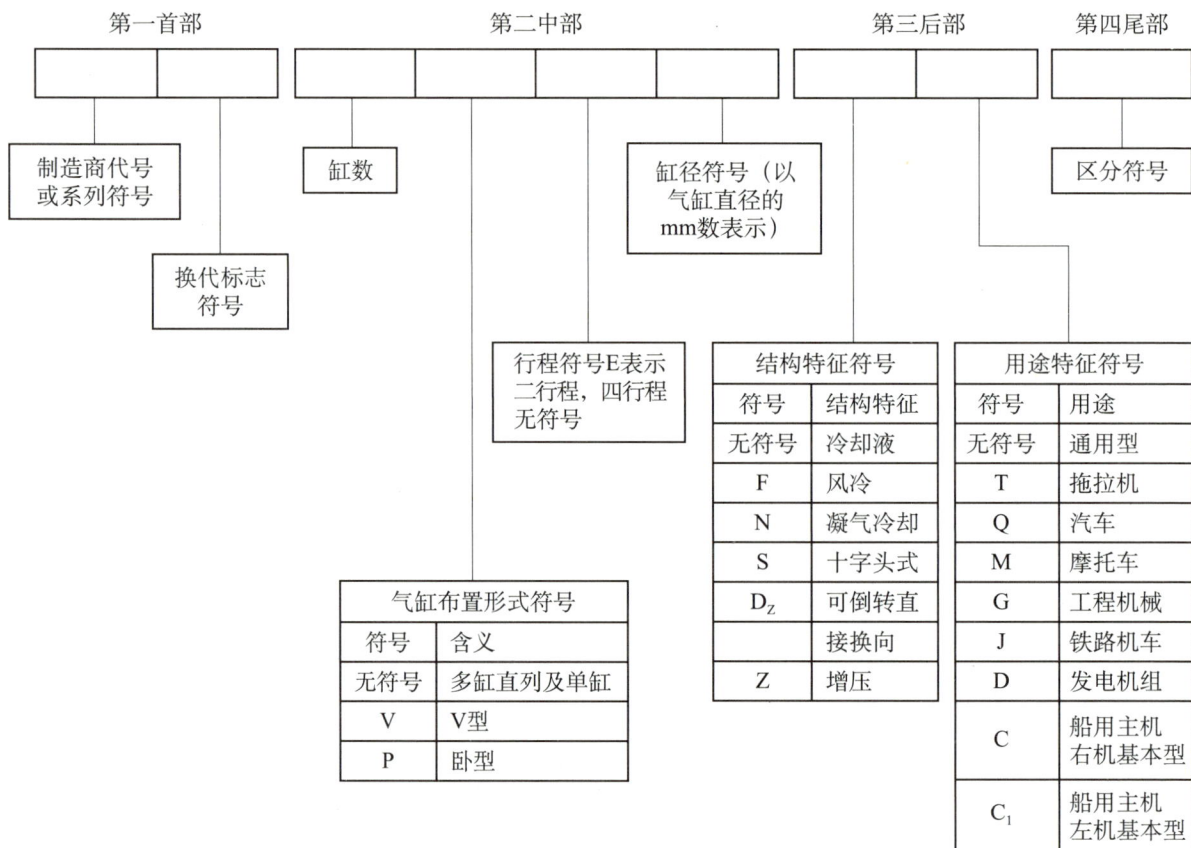

图 1-1-25　内燃机型号

2. 内燃机的名称和型号

内燃机名称均按所使用的主要燃料命名，如汽油机、柴油机、煤气机等。

内燃机型号由阿拉伯数字和汉语拼音字母或国际通用的英文缩略字母（以下简称字母）组成。

内燃机型号由以下四部分组成：

首部：为产品系列符号和换代标志符号，由制造厂根据需要自选相应字母表示，但需主管部门核准。

中部：由缸数符号、冲程符号、气缸排列形式符号和缸径符号等组成。

后部：由结构特征符号和用途特征符号组成。

尾部：由区分符号组成。同一系列产品因改进等原因需要区分时，由制造厂选用适当符号表示。

小试牛刀

1. 1E65F 发动机表示 _____ 缸，_____ 行程，缸径 _____，冷却方式为 _____ 冷。
2. CA6102 发动机表示 _____ 缸，_____ 行程，缸径 _____，冷却方式为 _____ 冷。

课中实践

一　能力测评

请扫码完成相应的能力测评。

二　工作任务

1. 任务分组

班级			组号		指导老师	
组长			承担任务			
组员及分工		姓名	承担任务	姓名		承担任务

2. 任务实践

作业内容	图解	技术提要
1. 任务准备		1. 设备：整车、解剖台架 2. 材料：翼子板护垫三件套、方向换挡手柄套、椅背套、脚垫、翼子板布等

续表

作业内容	图解	技术提要
2. 打开车门安装三件套		1. 打开车门 2. 依次装 _____、_____、_____、_____ 等
3. 打开发动机舱盖释放杆		打开发动机舱盖释放杆开关
4. 打开发动机舱盖挂钩		打开发动机舱盖挂钩的方式：_____
5. 打开发动机舱盖		1. 打开发动机舱盖 2. 安装 _____

续表

作业内容	图解	技术提要
6.安装翼子板布		翼子板布安装时注意: _____ _____
7.观察发动机		1.指出发动机各主要部件位置 2.此发动机的类型 3.此发动机的特点
8.观察剖开的发动机台架		指出发动机各主要部件位置
9.5S 管理		1.取下 _____ 并叠放整齐 2.安放发动机装饰盖 3.关闭发动机舱盖 4.取下方向盘套、座椅套、地板垫等并叠放整齐 5.做好车身和地面清洁工作

3.实施总结

评价内容	赋分	序号	具体指标	分值	得分		
					自评	组评	师评
仪容仪表	15	1	工作服、鞋、胸卡穿戴整洁	5			
		2	发型、指甲等符合工作要求	5			
		3	不佩戴首饰、钥匙、手表等	5			

续表

评价内容	赋分	序号	具体指标	分值	得分		
					自评	组评	师评
学习及工作过程	60	4	能说出发动机的分类	5			
		5	能说出发动机的编号含义	5			
		6	能说出发动机主要性能指标	5			
		7	能说出发动机的主要组成	5			
		8	工具准备	5			
		9	打开车门安装三件套	5			
		10	打开发动机舱盖释放杆	5			
		11	打开发动机舱盖挂钩	5			
		12	打开发动机舱盖	5			
		13	安装翼子板布	5			
		14	观察发动机并记录	5			
		15	操作规范，小组合作好	5			
职业素养	25	16	坚持出勤，遵守规章制度	5			
		17	服从安排，积极参加组内活动	5			
		18	在规定时间完成，认真填写工单	5			
		19	节约用水、用电、用气，注意环保	5			
		20	执行 5S 工作	5			
综合得分				100			
总结反馈	团队分工与合作的方面						
	熟练掌握与运用的方面						
	需要巩固与提升的方面						
	改进措施与路径的方面						

三　学习目标达成情况

序号	学习内容（知识、技能、行为习惯、职业素养）	评价标准			
		了解知道	理解掌握	指导下操作	独立操作

课后延伸

一　理论测试

扫码完成理论测试。

二　任务实施巩固

要求：对操作过程用思维导图方法进行总结。

任务2　分析发动机的工作原理

任务案例

　　王女士买了一辆新车，用户手册上规定车子需要加95号油，王女士想了解一下，为什么必须加95号油而不能加92号油呢？你能给她答案吗？

课前导入

　　同学们，为了完成本次工作任务，请在课前利用多种途径查阅资料预习相关知识点，也可扫一扫右方二维码进行课前资料学习，熟悉相关应知应会知识点，并完成下面的学习任务。

课前学习资料

知识点 1　基本术语

1. 上止点

　　当活塞在气缸内做往复直线运动，且活塞运动到距曲轴旋转中心最远时活塞顶部所处的位置，称为上止点，如图 1-2-1 所示。

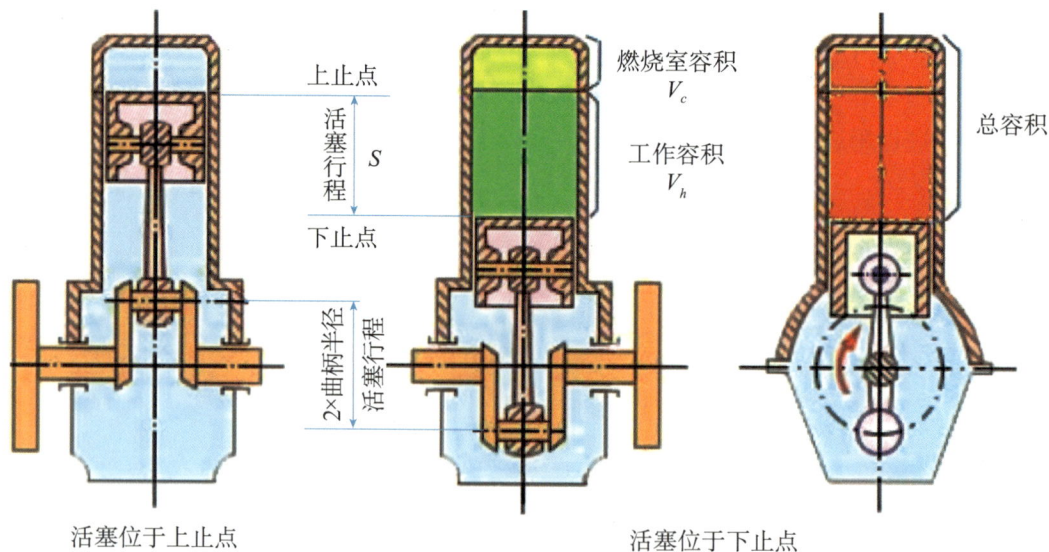

图 1-2-1　发动机的基本术语

2. 下止点

　　当活塞在气缸内做往复直线运动时，活塞运动到距曲轴旋转中心最近时活塞顶部所处的位置，称为下止点。

3. 活塞行程

活塞从一个止点到另一个止点所移动的距离，即上、下止点之间的距离称为活塞行程。一般用 S 表示，对应一个活塞行程，曲轴旋转 180°。

4. 曲柄半径

曲轴旋转中心到曲柄销中心之间的距离称为曲柄半径，一般用 R 表示。通常活塞行程为曲柄半径的两倍，即 $S=2R$。

5. 气缸工作容积

活塞从一个止点运动到另一个止点所扫过的容积，称为气缸工作容积。

一般用 V_h 表示，即

$$V_h = \frac{\pi}{4} D^2 \cdot S \times 10^{-6} \text{（L）}$$

式中　D——气缸直径，mm；

　　　S——活塞行程，mm。

6. 燃烧室容积

活塞位于上止点时，其顶部与气缸盖之间的容积称为燃烧室容积，一般用 V_c 表示。

7. 气缸总容积

活塞位于下止点时，其顶部与气缸盖之间的容积称为气缸总容积，一般 V_a 表示。

气缸总容积就是气缸工作容积和燃烧室容积之和，即

$$V_a = V_c + V_h$$

8. 发动机排量

多缸发动机各气缸工作容积的总和，称为发动机排量。一般用 V_L 表示，即

$$V_L = V_h \times i$$

式中　V_h——气缸工作容积；

　　　i——气缸数目。

9. 压缩比

压缩比是指气体压缩前的容积与气体压缩后的容积之比值，即气缸总容积与燃烧室容积之比称为压缩比。压缩比表示了气体的压缩程度，是发动机性能的一个非常重要的指标，发动机实际的压缩比往往受气缸密封程度的影响而改变，一般用 ε 表示，即

$$\varepsilon = \frac{V_a}{V_c} = \frac{V_h + V_c}{V_c} = 1 + \frac{V_h}{V_c}$$

式中　V_a——气缸总容积；

　　　V_h——气缸工作容积；

　　　V_c——燃烧室容积。

通常汽油机的压缩比为 6~10；柴油机的压缩比较高，一般为 16~22。

10. 工作循环

每一个工作循环包括进气、压缩、做功和排气四个过程。

发动机是一种能量转换机构，它将燃料燃烧产生的热能转变成机械能。要完成这个能量转换必须经过发动机的一个工作循环，工作循环不断地重复，就实现了能量转换，使发动机能够连续运转。

小试牛刀

1. 上止点：＿＿＿＿＿＿＿＿＿＿＿＿＿＿＿＿＿＿＿＿＿＿＿

2. 压缩比：＿＿＿＿＿＿＿＿＿＿＿＿＿＿＿＿＿＿＿＿＿＿＿

3. 发动机排量：＿＿＿＿＿＿＿＿＿＿＿＿＿＿＿＿＿＿＿＿

4. 工作循环：＿＿＿＿＿＿＿＿＿＿＿＿＿＿＿＿＿＿＿＿＿

5. 燃烧室容积：＿＿＿＿＿＿＿＿＿＿＿＿＿＿＿＿＿＿＿＿

6. 气缸工作容积：＿＿＿＿＿＿＿＿＿＿＿＿＿＿＿＿＿＿＿

7. 曲柄半径：＿＿＿＿＿＿＿＿＿＿＿＿＿＿＿＿＿＿＿＿＿

8. 活塞行程：＿＿＿＿＿＿＿＿＿＿＿＿＿＿＿＿＿＿＿＿＿

9. 汽油发动机压缩比的范围：＿＿＿＿＿＿＿＿＿＿＿＿＿＿

10. 柴油发动机压缩比的范围：＿＿＿＿＿＿＿＿＿＿＿＿＿

11. 压缩比过大对发动机的影响。

＿＿＿＿＿＿＿＿＿＿＿＿＿＿＿＿＿＿＿＿＿＿＿＿＿＿＿＿＿＿

＿＿＿＿＿＿＿＿＿＿＿＿＿＿＿＿＿＿＿＿＿＿＿＿＿＿＿＿＿＿

知识点 2　四冲程汽油机的工作原理

1. 进气行程

如图 1-2-2 所示，随着曲轴的旋转，活塞从上止点向下止点运动，这时进气门打开，排气门关闭。进气过程开始时，气缸内残存有上一循环未排净的废气，因此，气缸内的压力稍高于大气压力。随着活塞下移，气缸内容积增大，压力减小，当压力低于大气压时，在气缸内产生真空吸力，空气经空气滤清器、进气管道、进气门等被吸入气缸。由于进气系统的阻力，进气终了时，气缸内气体压力略低于大气压，为 0.075～0.09MPa。同时由于受残余废气和高温机件的加热，气体温度升至 370～400K。

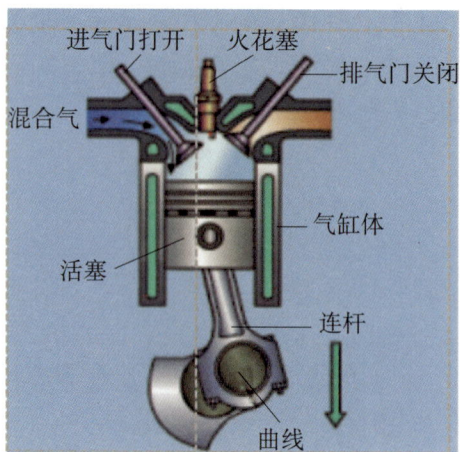

图 1-2-2　进气行程

2. 压缩行程

进气行程结束后，活塞在旋转曲轴的带动下，从下止点向上止点运动（见图1-2-3），这时进气门和排气门都关闭，气缸内成为封闭容积，进入气缸内的可燃混合气受到压缩，压力和温度不断升高，当活塞到达上止点时压缩行程结束。此时气体的压力和温度主要随压缩比的大小而定，气体压力为0.6～1.2MPa，温度可达600～700K。

图 1-2-3　压缩行程

3. 做功行程

当活塞位于压缩行程接近上止点（点火提前角）位置时，火花塞产生电火花点燃混合气并迅速燃烧，这时进气门和排气门仍然保持关闭，混合气燃烧放出大量的热使气缸内的气体温度和压力急剧升高，从而推动活塞从上止点向下止点运动，通过连杆使曲轴旋转并输出机械能，如图1-2-4所示。

做功行程开始阶段气缸内的最高压力可达3～5MPa，温度可达2200～2800K，随着活塞的下移，气缸内容积增加，气体压力和温度逐渐下降，做功行程终了时，气体压力为0.3～0.5MPa，温度为1300～1600K。

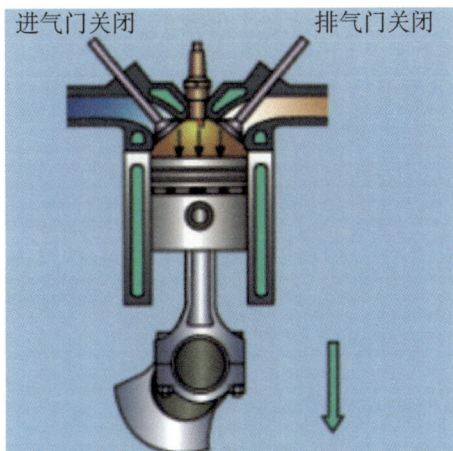

图 1-2-4　做功行程

4. 排气行程

当做功接近终了时，排气门开启，进气门仍然关闭（见图1-2-5），靠废气的残余压力先进行自由排气，活塞到达下止点再向上止点运动时，继续把废气强制排出到大气中去，活塞越过上止点后，排气门关闭，排气行程结束。由于燃烧室容积的存在，不可能将废气全部排出气缸。受排气阻力的影响，排气终止时，气体压力仍高于大气压力，为0.105～0.115MPa，温度为900～1200K。

曲轴继续旋转，活塞从上止点向下止点运动，又开始了下一个新的循环过程。

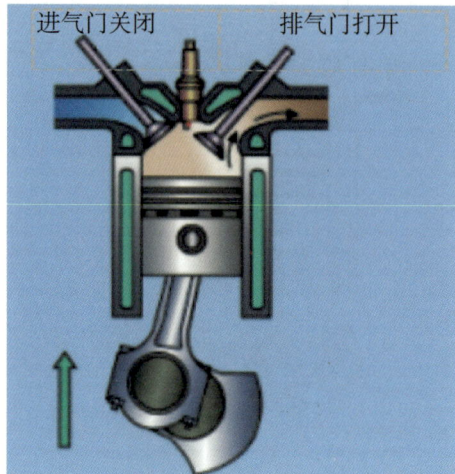

图1-2-5　排气行程

小试牛刀

对汽油机的工作过程进行归纳。

	进气行程	压缩行程	做工行程	排气行程
进、排气门状态（开/关）				
活塞运动方向				
气缸内容积变化				
气缸内压力变化				
气缸内温度变化				
曲轴的转角位置				

知识点 3　四冲程柴油机与四冲程汽油机的主要区别

（1）在进气行程，柴油机进入气缸的是纯空气；而汽油机进入气缸的是可燃混合气。柴油机混合气形成的时间比汽油机混合气形成时间短。

（2）在压缩行程，柴油机的压缩比大，而汽油机的压缩比小。

（3）点火方式不同，柴油机使用压燃式点火方式，汽油机使用点燃式点火方式。

（4）柴油机和汽油机燃烧室的构造不同。

（5）柴油机转速低，汽油机转速高。

柴油机工作可靠，可长时间连续工作，寿命长，燃油消耗率低，使用经济性好，有一定的功率储备，能适应短期超载工作，但质量大，噪声较大。汽油机质量小，噪声和振动小，但燃油消耗率高，经济性较差。

小试牛刀

1. 汽油机的结构：_____

2. 柴油机的结构：_____

知识点 4　二冲程发动机的工作原理和工作过程

二冲程汽油机的工作循环也是由进气、压缩、做功、排气过程组成，但它是在曲轴旋转一圈（360°），活塞上下往复运动的两个行程内完成的。因此，二冲程发动机与四冲程发动机工作原理不同，结构也不一样，如图 1-2-6 所示。

曲轴箱换气式二冲程汽油机，气缸上有三排孔，利用这三排孔分别在一定时刻被活塞打开或关闭进行进气、换气和排气的。当活塞向上运动到将三排孔都关闭时，活塞上部形成了密闭的空间并开始压缩混合气；活塞继续上行，活塞下方进气孔开始打开，可燃混合气进入曲轴箱，活塞接近上止点时，火花塞点燃混合气，气体燃烧膨胀，推动活塞向下运动，进气孔关闭，曲轴箱内的混合气受到压缩，当活塞接近下止点时，排气孔打开，排出废气，活塞再向下运动，换气孔打开，受到压缩的混合气便从曲轴箱经进气孔流入气缸内，并扫除废气。

第一冲程：活塞从下止点向上止点运动，事先已充满活塞上方气缸内的混合气被压缩，新的可燃混合气被吸入活塞下方的曲轴箱内。

第二冲程：活塞从上止点向下止点运动，活塞上方进行做功过程和换气过程，而活塞下方则进行可燃混合气的预压缩。

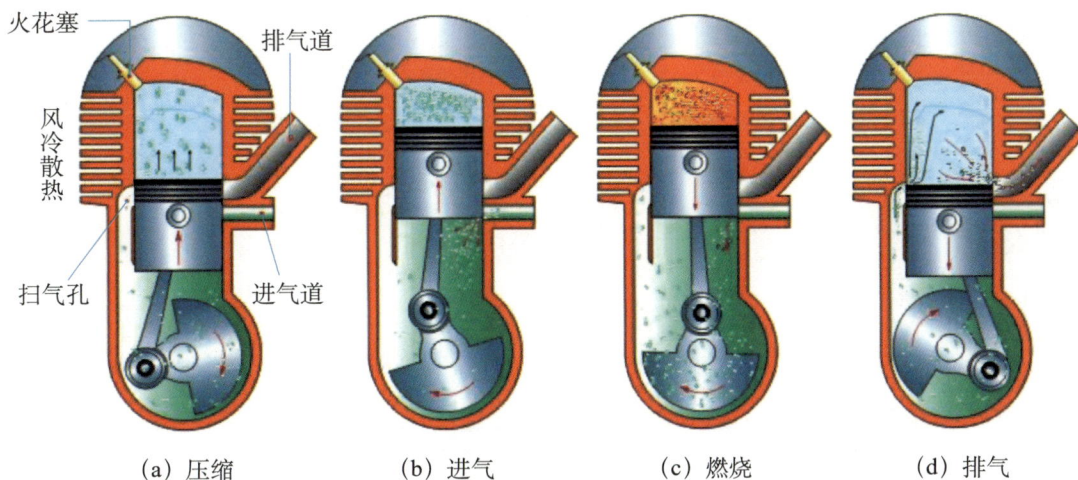

（a）压缩　　　　　（b）进气　　　　　（c）燃烧　　　　　（d）排气

图 1-2-6　二冲程发动机工作原理

小试牛刀

1. 请简单分析二冲程发动机和四冲程发动机在工作过程上的区别。

_____

_____

_____

2. 请找出一款二冲程的车型，简介它的排量，以及最大扭矩等。

_____

_____

_____

_____

知识拓展

可变压缩比是一种根据发动机负载情况调整压缩比的技术。高负载时调整至较低压缩比，而低负载时调整至较高的压缩比。用以提高增压发动机的燃油经济性。目前主要是改变活塞行程大小来实现不同的压缩比，如图 1-2-7 所示。

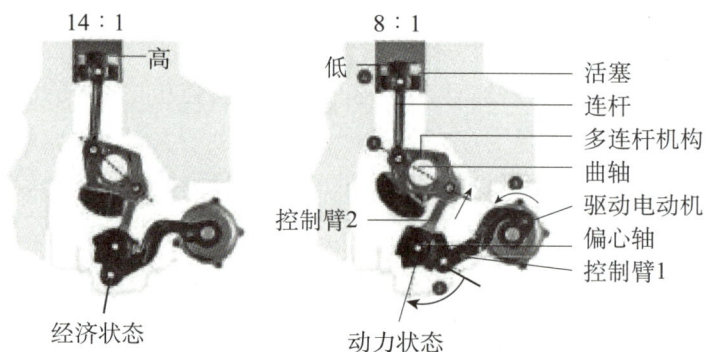

图 1-2-7　可变压缩比原理图

课中实践

一　能力测评

请扫码完成相应的能力测评。

二 工作任务

1. 任务分组

班级		组号		指导老师	
组长		承担任务			
组员及分工	姓名	承担任务	姓名		承担任务

2. 任务实践

作业内容	图解	技术提要
1. 任务准备		设备：发动机台架
2. 找出上止点位置		在发动机上找出上止点
3. 找出下止点位置		在发动机上找出下止点

作业内容	图解	技术提要
4.测量活塞的行程	活塞行程	测量上止点到下止点之间的距离
5.找出燃烧室容积的具体位置	燃烧室容积	正确找出燃烧室容积的位置
6.找出气缸工作容积的具体位置	气缸工作容积	正确找出气缸工作容积
7.5S管理		1.清洁地面、发动机台架 2.收好钢尺

3. 实施总结

评价内容	赋分	序号	具体指标	分值	得分		
					自评	组评	师评
仪容仪表	15	1	工作服、鞋、胸卡穿戴整洁	5			
		2	发型、指甲等符合工作要求	5			
		3	不佩戴首饰、钥匙、手表等	5			

评价内容	赋分	序号	具体指标	分值	得分		
					自评	组评	师评
学习及工作过程	60	4	能说出发动机的基本术语	5			
		5	能说出四冲程汽油发动机的工作原理	5			
		6	能说出四冲程柴油机与汽油机的主要区别	5			
		7	能说出二冲程发动机的工作特点	5			
		8	工具准备	5			
		9	找出上止点位置	5			
		10	找出下止点位置	5			
		11	测量活塞的行程	5			
		12	找出燃烧室容积的具体位置	5			
		13	找出气缸工作容积的具体位置	5			
		14	找出曲柄半径的位置	5			
		15	操作规范,小组合作好	5			
职业素养	25	16	坚持出勤,遵守规章制度	5			
		17	服从安排,积极参加组内活动	5			
		18	在规定时间完成,认真填写工单	5			
		19	节约用水、用电、用气,注意环保	5			
		20	执行 5S 工作	5			
综合得分				100			
总结反馈			团队分工与合作的方面				
			熟练掌握与运用的方面				
			需要巩固与提升的方面				
			改进措施与路径的方面				

三　学习目标达成情况

序号	学习内容（知识、技能、行为习惯、职业素养）	评价标准			
		了解 知道	理解 掌握	指导下 操作	独立 操作

▶▶ 课后延伸

一　理论测试

扫码完成理论测试。

二　任务实施巩固

要求：对操作过程用思维导图方法进行总结。

汽车技术专业项目化课程评价

同学们，本项目学习结束了，感谢你始终如一地努力学习和积极配合。为了能使我们不断地作出改进，提高专业教学效果，我们珍视各种建议、创意和批评。为此，我们很乐于了解你对本项目学习的真实看法。当然，这一过程中所收集的数据采用不记名的方式，我们都将保密，且不会透漏给第三方。对于有些问题，只需打"√"作出选择，有些问题，则请以几个关键词给出一个简单的答案。

项目名称：_____　教师姓名：_____

课程时间：　年　月　日—　日　第　周

授课地点：_____

	很满意	满意	一般	不满意	很不满意

模块教学组织评价

	很满意 ☺	满意	一般 ☺	不满意	很不满意 ☹
1. 你对实训楼整个教学秩序是否满意？	☐	☐	☐	☐	☐
2. 你对实训楼整个环境卫生状况是否满意？	☐	☐	☐	☐	☐
3. 你对实训楼学生整体的纪律表现是否满意？	☐	☐	☐	☐	☐
4. 你对你们这一小组的总体表现是否满意？	☐	☐	☐	☐	☐
5. 你对这种理实一体的教学模式是否满意？	☐	☐	☐	☐	☐

培训教师评价

	很满意 ☺	满意	一般 ☺	不满意	很不满意 ☹
6. 你如何评价培训教师（总体印象/能力/表达能力/说服力）？	☐	☐	☐	☐	☐
7. 教师组织培训通俗易懂，结构清晰。	☐	☐	☐	☐	☐
8. 教师非常关注学生的反应。	☐	☐	☐	☐	☐
9. 教师能认真指导学生，对任何学生都不放弃。	☐	☐	☐	☐	☐
10. 你对培训氛围是否满意？	☐	☐	☐	☐	☐
11. 你认为理论和实践的比例分配是否合适？	☐	☐	☐	☐	☐
12. 你对教师在岗情况是否满意（上课经常不在培训室、接打手机等）？					

培训内容评价

	很满意 ☺	满意	一般 ☺	不满意	很不满意 ☹
13. 你对培训涉及的题目及内容是否满意？	☐	☐	☐	☐	☐
14. 课程内容是否适合你的知识水平？	☐	☐	☐	☐	☐
15. 培训中使用的各种器材是否丰富？	☐	☐	☐	☐	☐
16. 你对发放的学生手册和学生工作手册是否满意？	☐	☐	☐	☐	☐

请回答下列问题

1. 在培训组织的哪些方面还需要进一步改进？

_____

_____

_____

2.哪些培训内容你特别感兴趣，为什么？

_____

_____

_____

3.哪些培训内容你不是特别感兴趣，为什么？

_____

_____

_____

4.关于培训内容，是否还有你想学但老师这次没有涉及的？如有，请指出。

_____

_____

_____

5.你对哪些培训内容比较满意？哪些方面还需要进一步改进？

_____

_____

_____

6.你希望每次活动都给小组留有一定讨论时间吗？你认为多长时间合适？

_____

_____

_____

7.通过这个项目的学习，你最想对自己说些什么？

_____

_____

_____

8.通过这个项目的学习，你最想对教授本项目的教师说些什么？

_____

_____

_____

项目 ② 配气机构的拆装与检测

📝 项目描述

　　配气机构是汽油机的重要组成部分；配气机构的功用是按照发动机每一气缸内所进行的工作循环和发火次序的要求，定时开启和关闭各气缸的进、排气门，使新鲜充量得以及时进入气缸，废气得以及时从气缸排出；在压缩与膨胀（做功）行程中，保证燃烧室的密封。新鲜充量对汽油机而言是汽油和空气的混合气，对柴油机而言是空气。

　　通过本项目的学习，要在知识、技能、行为习惯、职业素养等方面达到学思用贯通、知信行统一，养成精益求精的工匠精神、绿色环保的责任意识以及吃苦耐劳的卓越品质，并将尊重创造、敬业奉献、服务人民融入学习生活中。

🔡 学习路径

项目2 配气机构的拆装与检测（学习路径）

课前导入	课中实践	课后延伸

课前导入

进行课前资料的学习
- 任务1 配气机构的认知
- 任务2 气门传动组的拆装与检测
- 任务3 气门组的拆装与检测

（完成↓）

完成教材中课前知识点作业
- 独立完成作业内容
- 自主批改作业
- 记录重、难点

（不合格←）

课中实践

扫码完成任务点能力测评
- 任务测评重难点分析、讲解
- 任务分组

（完成↓）（合格→）

任务实施
- 根据工作页完成实操任务
- 任务实施总结评价

（完成↓）（不合格←）

自评任务学习目标达成情况

课后延伸

理论测试
- 完成工作手册习题

（完成↓）

任务实施巩固
- 用思维导图总结操作过程

（新课学习↓）

课前导入

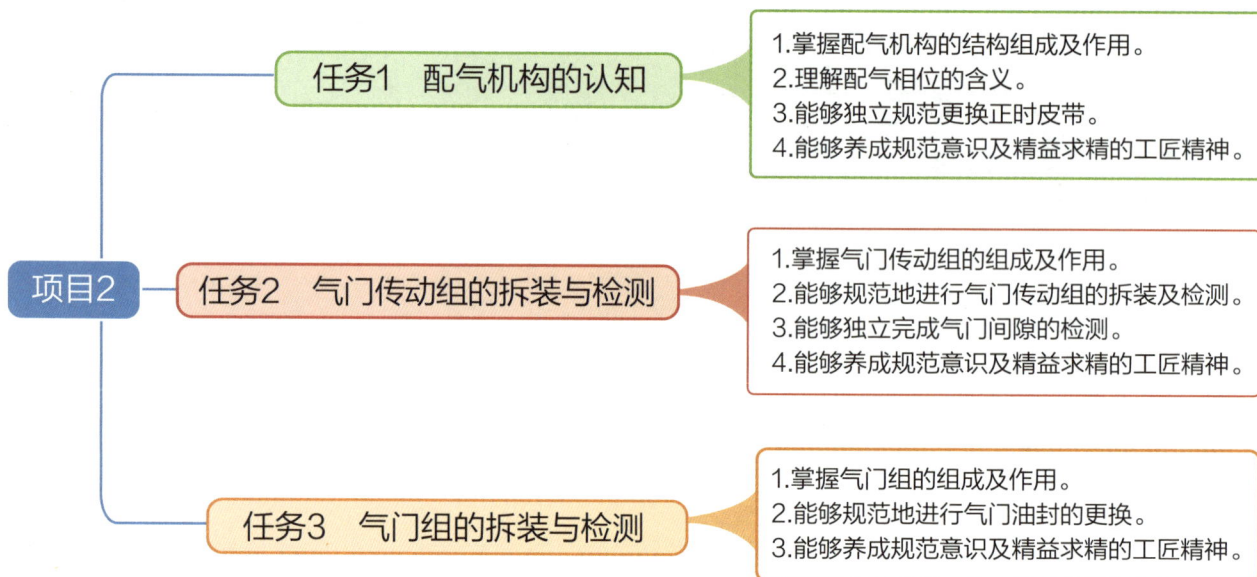 **学习目标**

项目2

任务1　配气机构的认知
- 1.掌握配气机构的结构组成及作用。
- 2.理解配气相位的含义。
- 3.能够独立规范更换正时皮带。
- 4.能够养成规范意识及精益求精的工匠精神。

任务2　气门传动组的拆装与检测
- 1.掌握气门传动组的组成及作用。
- 2.能够规范地进行气门传动组的拆装及检测。
- 3.能够独立完成气门间隙的检测。
- 4.能够养成规范意识及精益求精的工匠精神。

任务3　气门组的拆装与检测
- 1.掌握气门组的组成及作用。
- 2.能够规范地进行气门油封的更换。
- 3.能够养成规范意识及精益求精的工匠精神。

任务 1　配气机构的认知

▌任务案例

　　王女士的车行驶里程为 15 万千米，该车最近出现怠速不稳、熄火、抖动、加速无力等现象。跟王女士沟通后发现，车子在行驶里程达到 7 万千米时换过一次正时皮带，且检查皮带后发现老化裂纹等问题。这时作为维修人员我们要如何做呢？

▌课前导入

　　同学们，为了完成本次工作任务，请在课前利用多种途径查阅资料预习相关知识点，也可扫一扫右方二维码进行课前资料学习，熟悉相关应知应会知识点，并完成下面的学习任务。

课前学习资料

知识点 1　配气机构的功用、组成及类型

1.配气机构的功用

　　按照发动机的工作顺序和工作循环的要求，定时开启和关闭各缸的进、排气门，使新鲜可燃混合气或空气得以及时进入气缸，废气得以从气缸及时排出。

2. 配气机构的组成

配气机构的组成：气门组、气门传动组，如图 2-1-1 所示。

3. 配气机构的类型

（1）气门布置形式：气门顶置式、气门侧置式，如图 2-1-2 所示。

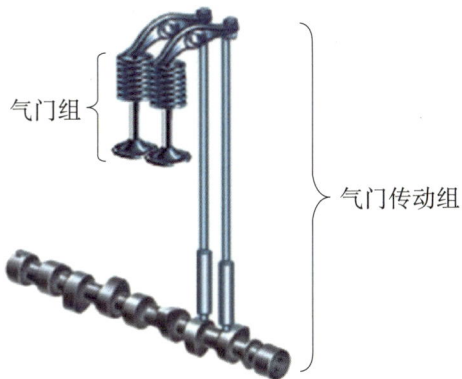

图 2-1-1　配气机构的组成

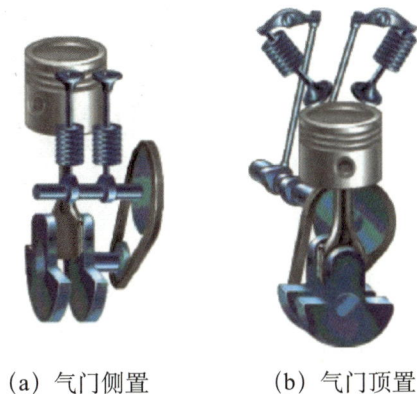

（a）气门侧置　　　　（b）气门顶置

图 2-1-2　气门布置形式

（2）凸轮轴的布置位置：凸轮轴的位置有下置式、中置式和上置式三种，如图 2-1-3 所示。

（a）凸轮轴下置　　（b）凸轮轴中置　　（c）凸轮轴上置

图 2-1-3　凸轮轴的布置位置

凸轮轴置于曲轴箱内的配气机构被称为凸轮轴下置式配气机构。发动机工作时，曲轴通过定时齿轮驱动凸轮轴旋转。当凸轮的上升段顶起挺柱时，经推杆和气门间隙调整螺钉推动摇臂绕摇臂轴摆动，压缩气门弹簧使气门开启。当凸轮的下降段与挺柱接触时，气门在气门弹簧力的作用下逐渐关闭。

凸轮轴置于机体上部的配气机构被称为凸轮轴中置式配气机构。与凸轮轴下置式配气机构的组成相比，减少了推杆，从而减轻了配气机构的往复运动质量，增大了机构的刚度，更适用于较高转速的发动机。

凸轮轴置于气缸盖上的配气机构被称为凸轮轴上置式配气机构。其主要优点是运动件少，传动链短，整个机构的刚度大，适合于高速发动机。由于气门排列和气门驱动形式的不同，凸轮轴上置式配气机构有多种多样的结构形式。

（3）气门驱动形式：直接驱动、摇臂驱动和摆臂驱动三种类型。

直接驱动：在凸轮轴上置式配气机构中，凸轮通过吊杯形机械挺柱或吊杯形液力挺柱驱动气门。与其他各种形式的配气机构相比，直接驱动式配气机构的刚度最大，驱动气门的能量损失最小。因此，在高度强化的轿车发动机上得到广泛的应用，如图 2-1-4 所示。

单上置凸轮轴（SOHC）

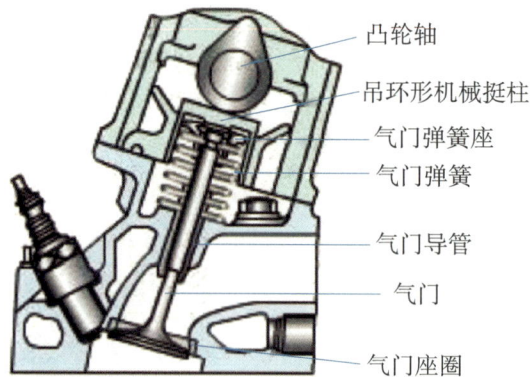

凸轮轴
吊环形机械挺柱
气门弹簧座
气门弹簧
气门导管
气门
气门座圈

图 2-1-4　直接驱动

摇臂驱动：在单凸轮轴上置式配气机构中，凸轮轴推动液力挺柱，液力挺柱推动摇臂，摇臂再驱动气门，或凸轮轴直接驱动摇臂，摇臂驱动气门，如图 2-1-5 所示。

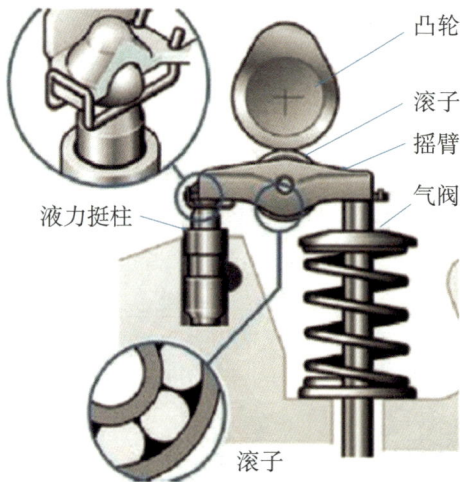

凸轮
滚子
摇臂
气阀
液力挺柱
滚子

图 2-1-5　摇臂驱动

摆臂驱动：在凸轮轴上置式配气机构中，由于摆臂驱动气门的配气机构比摇臂驱动式刚度更好，更有利于高速发动机，在轿车发动机上的应用比较广泛，如图 2-1-6 所示。

摆臂
摆臂支座
弹簧扣
气门间隙调整块
51°
锁紧螺母
摆臂支座
气门间隙调整螺钉
摆臂

图 2-1-6　摆臂驱动

（4）凸轮轴传动方式：齿轮传动、链条与链轮传动、齿形皮带传动，如图 2-1-7 所示。三种传动方式的特点和应用场合如表 2-1-1 所示。

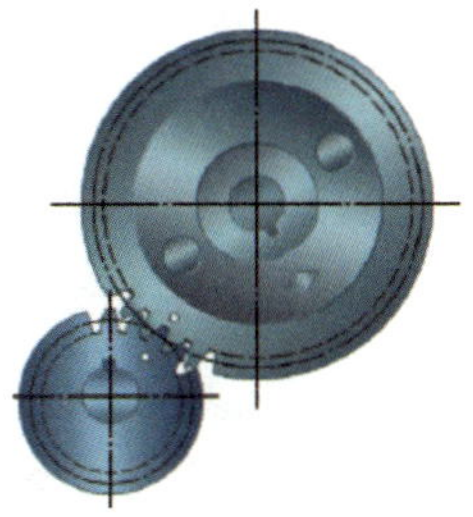

(a) 齿轮传动 　　　　　(b) 链条与链轮传动 　　　　(c) 齿形皮带传动

图 2-1-7　凸轮轴传动方式

表 2-1-1　三种传动方式的特点及应用场合

传动方式	传动路线	特点	应用
齿轮传动	曲轴正时齿轮（钢）→凸轮轴正时齿轮（铸铁或胶木）	工作可靠，啮合平稳、噪声小	凸轮轴下置、中置式配气机构
链条与链轮传动	曲轴→链条→凸轮轴正时齿轮	可靠性、耐久性略差，噪声大，造价高	凸轮轴上置式配气机构
齿形皮带传动	曲轴→齿形皮带→凸轮轴正时齿轮	结构简单、噪声小、成本低，但需定期更换	凸轮轴上置式配气机构

小试牛刀

1.配气机构是由 _____ 和 _____ 组成。

2.配气机构按气门布置形式分有 _____ 和 _____ 两种类型。

3.配气机构按凸轮轴布置位置分有 _____、_____ 和 _____ 三种类型。

4.配气机构按凸轮轴传动方式分有 _____、_____、_____。

5.四冲程发动机每完成一个工作循环，曲轴旋转 _____ 周，各缸的进、排气门各开启 _____ 次，此时凸轮轴旋转 _____ 周。

6.曲轴与凸轮轴的传动比：_____

7.请你介绍一款车型，结合知识点 1 的分类方式，进行说明。

_____

_____

_____

知识点 2　配气相位

配气相位是用曲轴转角表示的进、排气门的开启时刻和开启延续时间，通常用环形图表示配气相位图（图2-1-8）。

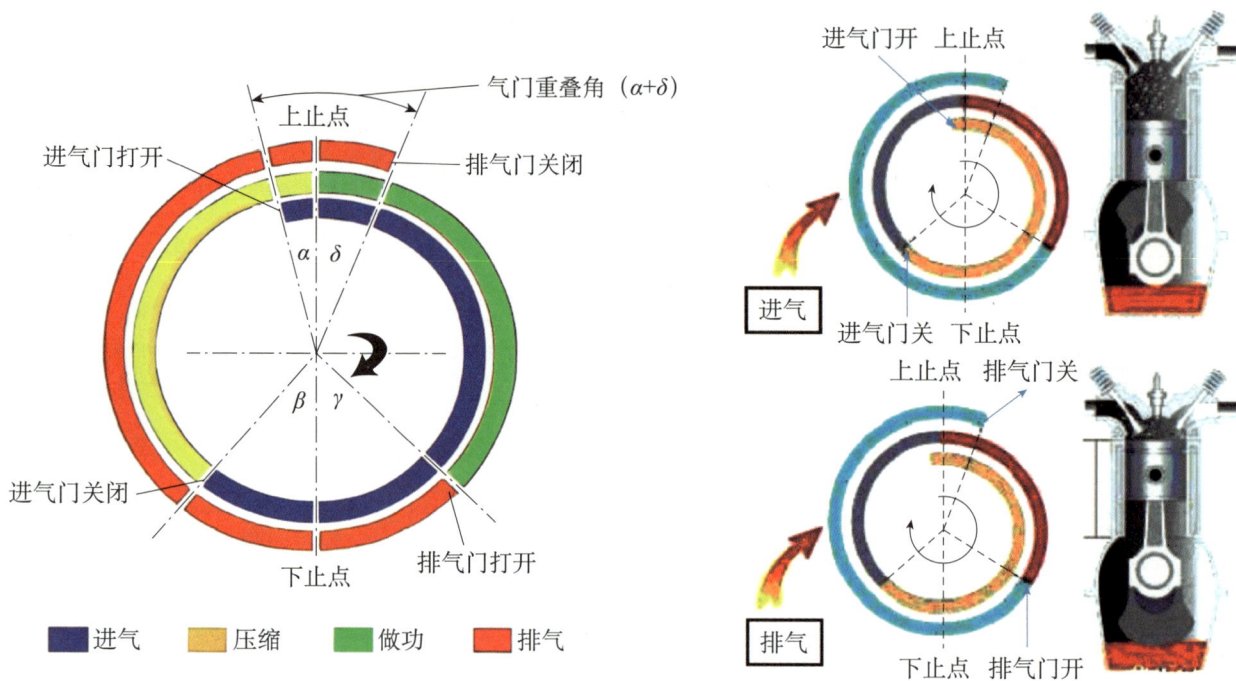

图2-1-8　配气相位

配气相位对发动机的动力性、经济性、环保性有很大的影响。配气相位不准，会导致进气不充分、排气不顺畅，将影响混合气的形成品质，造成燃烧不完全，使发动机的动力性下降，燃料消耗量增加，排放污染物中的一氧化碳、氮氧化合物、碳氢化合物将大大增加。

（1）进气提前角 α：从进气门开到上止点曲轴所转过的角度。

（2）进气迟后角 β：从进气行程下止点到进气门关闭曲轴转过的角度。

（3）排气提前角 γ：从排气门开启到下止点曲轴转过的角度。

（4）排气迟后角 δ：从上止点到排气门关闭曲轴转过的角度。

（5）气门重叠：活塞在排气上止点附近出现进、排气门同时开启的现象。

（6）气门重叠角：重叠期间的曲轴转角称为气门重叠角，它等于进气提前角与排气迟后角之和 $\alpha+\delta$。

实际配气相位和理论上的配气相位相差很大，实际配气相位，气门要早开晚关，主要是为了满足进气充足、排气干净的要求。但实际操作中，究竟气门什么时候开？什么时候关最好呢？这主要根据各种车型，经过实验的方法确定，由凸轮轴的形状、位置及配气机构来保证。

配气相位的准确与否与发动机配气机构的技术状况好坏有关。配气相位失准，一般应检查凸轮轴的磨损情况，气门传动机构气门组的配合情况，可视情况更换机件。

（7）正时机构：活塞的位置与进、排气门的开闭，其时间必须精确配合，故曲轴与凸轮轴的转动角度必须精密对正且保持不变。正时机构分为使用正时皮带（见图2-1-9）和使用正时链条（见图2-1-10）两种。

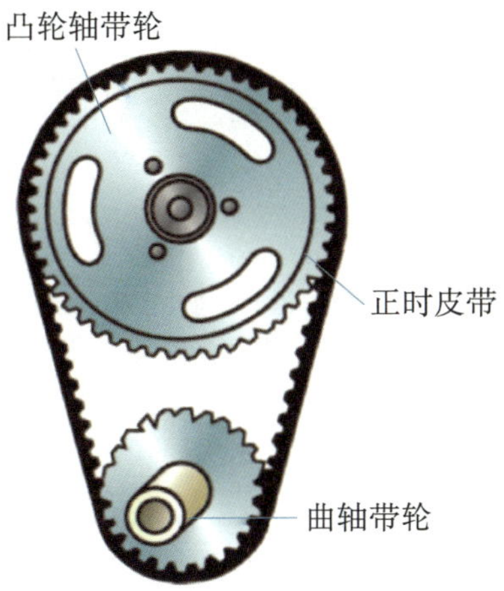

凸轮轴带轮

正时皮带

曲轴带轮

图 2-1-9　正时皮带

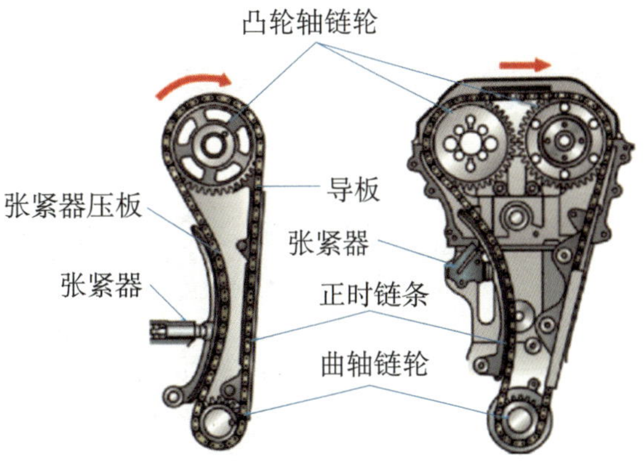

凸轮轴链轮

张紧器压板

张紧器

导板

张紧器

正时链条

曲轴链轮

（a）SOHC发动机　　（b）DOHC发动机

图 2-1-10　正时链条

小试牛刀

1. 配气相位：＿＿＿＿＿＿＿＿＿＿＿＿＿＿＿＿＿＿＿＿＿＿

2. 气门重叠角：＿＿＿＿＿＿＿＿＿＿＿＿＿＿＿＿＿＿＿＿＿

3. 进气门打开时间：＿＿＿＿＿＿＿＿＿＿＿＿＿＿＿＿＿＿

4. 排气门打开时间：＿＿＿＿＿＿＿＿＿＿＿＿＿＿＿＿＿＿

课中实践

一　能力测评

请扫码完成相应的能力测评。

二　工作任务

1. 任务分组

班级		组号		指导老师	
组长		承担任务			
组员及分工	姓名	承担任务		姓名	承担任务

2. 任务实践

作业内容	图解	技术提要
1. 任务准备		1. 设备：科鲁兹 1.6L LDE 发动机及翻转架、零件台、工具车、维修手册 2. 工具：世达工具、配气机构正时锁止工具、指针式扭力扳手、定扭力扳手、摇把、角度规 3. 辅助材料：抹布、吸油纸
2. 检查台架		1. 锁止 _____ 2. 检查发动机安装是否牢固
3. 拆卸气门室罩盖		按 _____ 顺序由外向内拆卸气门室罩盖螺栓
4. 释放传动皮带张紧器上的张力	 2 1- 传动皮带张紧器　2- 传动皮带张紧器螺栓	按 _____ 时针方向转动 1，用 _____ 锁止

作业内容	图解	技术提要
5. 拆下传动皮带		从 ＿＿＿＿＿ 处拆下皮带 1- 传动皮带
6. 取下锁销、拆下传动皮带张紧器		拆下传动皮带张紧器先用 ＿＿＿＿＿ 扳手进行卸力 1- 传动皮带张紧器　2- 传动皮带张紧器螺栓
7. 拆下正时皮带上前盖		拆卸时用手轻扶，防止掉落 1- 正时皮带上前盖　2- 正时皮带上前盖螺栓
8. 拆下正时皮带中前盖		一字起前端 ＿＿＿＿＿，防止撬坏盖板 1- 正时皮带中前盖

作业内容	图解	技术提要
9.转动曲轴		按发动机旋转方向_____转动曲轴，直到_____上标记与_____上止点处对齐
10.对正时	1-气缸 1 的压缩冲程上止点	如果有微小错位，用_____微调旋转_____，使其对齐
11.锁止曲轴		将_____卡到_____槽中，并拧紧固定螺母

续表

作业内容	图解	技术提要
12.拆下扭转减震器		使用 _____ 扳手先进行卸力，然后取下扭转减震器 1- 曲轴扭转减震器　2- 曲轴压力垫圈 3- 曲轴扭转减震器螺栓
13.检查曲轴链轮记号与机油泵壳体记号对齐		目视检查 _____ 正时记号与 _____ 正时记号对齐
14.拆下正时皮带下前盖		1. 卸力时顺序 _____ 2. 拆卸螺栓 1- 正时皮带下前盖　2- 正时皮带下前盖螺栓

作业内容	图解	技术提要
15. 安装凸轮轴调节器锁止工具		1._____凸轮轴调节器上的凸点与左侧锁止工具上的凹槽不一致，必须略_____（高或者低）于凹槽 2._____凸轮轴调节器上凹点与锁止工具的凹槽_____
16. 锁止张紧轮		使用_____扳手_____时针转动_____，用_____锁止张紧轮 1- 内六角扳手　2- 正时皮带张紧器
17. 拆下正时皮带		1. 如果重复使用正时皮带，拆卸前皮带上_____ 2. 从_____处拆下皮带 1- 正时皮带

作业内容	图解	技术提要
18. 拆下正时皮带张紧器		使用 _____ 号套筒对正时皮带张紧器螺栓进行卸力，然后拆下正时皮带张紧器 1- 正时皮带张紧器螺栓　2- 正时皮带张紧器
19. 拆下正时皮带惰轮		使用 _____ 号套筒对正时皮带惰轮螺栓进行卸力，然后拆下正时皮带惰轮
20. 拆卸曲轴链轮		1. 用手轻晃曲轴链轮，取下曲轴链轮 2. 检查 _____，确认无误后装入

作业内容	图解	技术提要
21. 更换新的正时皮带张紧器、正时皮带惰轮		1. 更换新的正时皮带张紧器、惰轮，并检查其功能是否正常 2. 按规定扭矩与角度紧固螺栓 规定扭矩与角度： 第一遍 _____ N·m 第二遍 _____ 。 第三遍 _____ 。
22. 更换新的正时皮带		1. 更换新的 _____ 正时皮带 2. 最后从 _____ 处完成皮带的安装
23. 安装下前盖、扭转减震器		1. 按规定扭矩与角度安装下前盖、扭转减震器固定螺栓 2. 对角拧紧下前盖螺栓 规定扭矩与角度： 下前盖螺栓 _____ N·m 扭转减震器螺栓　第一遍 _____ N·m 第二遍 _____ 。 第三遍 _____ 。

作业内容	图解	技术提要
24. 取下张紧轮锁销、安装中前盖		1. 使用 _____ 扳手，_____ 时针方向旋转释放应力，取下张紧轮锁销 2. 安装中前盖要准确卡到规定位置
25. 取出凸轮轴调节器锁止工具、安装上前盖		1. 安装前盖螺栓时顺序 _____ 2. 按规定扭矩拧紧上前盖螺栓 3. 拆卸飞轮锁止工具 规定扭矩： 上前盖螺栓 _____N·m
26. 取下曲轴锁止工具、旋转曲轴		按照发动机旋转方向旋转曲轴 _____ 圈，查看 _____ 标记

作业内容	图解	技术提要
27. 安装传动皮带张紧器		按规定扭矩拧紧传动皮带张紧器 规定扭矩： 传动皮带张紧器 _____N·m
28. 安装传动皮带张紧器锁销		使用扳手 _____时针旋转传动皮带张紧器，将锁销装入
29. 安装新的传动皮带、取出传动皮带锁销		1. 更换新的 _____传动皮带 2. _____时针旋转传动皮带张紧器，取出传动皮带锁销

作业内容	图解	技术提要
30.安装气门室罩盖		按 _____ 顺序由内向外以规定扭矩安装气门室罩盖螺栓 规定扭矩： 气门室罩盖螺栓 _____N·m
31.5S 管理		按照技术要求完成 5S 项目

3. 实施总结

评价内容	赋分	序号	具体指标	分值	得分		
					自评	组评	师评
仪容仪表	15	1	工作服、鞋、胸卡穿戴整洁	5			
		2	发型、指甲等符合工作要求	5			
		3	不佩戴首饰、钥匙、手表等	5			
学习及工作过程	60	4	检查台架	2			
		5	拆卸气门室罩盖	2			
		6	释放传动皮带张紧器上的张力	2			
		7	拆下传动皮带	2			
		8	取下锁销、拆下传动皮带张紧器	2			
		9	拆下正时皮带上前盖	2			
		10	拆下正时皮带中前盖	2			
		11	转动曲轴	2			
		12	对正时	2			

续表

评价内容	赋分	序号	具体指标	分值	得分		
					自评	组评	师评
学习及工作过程		13	锁止曲轴	2			
		14	拆下扭转减震器	2			
		15	检查曲轴链轮记号与机油泵壳体记号对齐	3			
		16	拆下正时皮带下前盖	2			
		17	安装凸轮轴调节器锁止工具	2			
		18	锁止张紧轮	2			
		19	拆下正时皮带	2			
		20	拆下正时皮带张紧器	2			
		21	拆下正时皮带惰轮	2			
		22	拆卸曲轴链轮	2			
		23	更换新的正时皮带张紧器、正时皮带惰轮	3			
		24	更换新的正时皮带	2			
		25	安装下前盖、扭转减震器	2			
		26	取下张紧轮锁销、安装中前盖	2			
		27	取出凸轮轴调节器锁止工具、安装上前盖	2			
		28	取下曲轴锁止工具、旋转曲轴	2			
		29	安装传动皮带张紧器	2			
		30	安装传动皮带张紧器锁销	2			
		31	安装新的传动皮带、取出传动皮带锁销	2			
		32	安装气门室罩盖	2			
职业素养	25	33	坚持出勤，遵守规章制度	5			
		34	服从安排，积极参加组内活动	5			
		35	在规定时间完成，认真填写工单	5			
		36	节约用水、用电、用气，注意环保	5			
		37	执行 5S 工作	5			
综合得分				100			
总结反馈			团队分工与合作的方面				
			熟练掌握与运用的方面				
			需要巩固与提升的方面				
			改进措施与路径的方面				

续表

三　学习目标达成情况

序号	学习内容（知识、技能、行为习惯、职业素养）	评价标准			
		了解知道	理解掌握	指导下操作	独立操作

任务拓展

正时链条的更换

作业内容	图片	技术要求
1.任务准备		1. 设备：卡罗拉发动机拆装翻转台架 1 台，零件车 1 台，工具车 1 台，维修手册 1 套 2. 工具：世达工具车、世达工具套装、扭力扳手、专用工具 SST、机油壶 3. 辅助材料：抹布、吸油纸
2.拆卸汽缸盖罩分总成		先对角卸力，再拆卸螺栓拆卸扭矩为 10 N·m。

作业内容	图片	技术要求
3. 将1号气缸设置到上止点（TDC）/压缩	 正时标记 正时槽口	1. 转动曲轴皮带轮，直到其凹槽与正时链条盖上的正时标记"0"对准 2. 如图所示，检查并确认凸轮轴正时齿轮和链轮上的各正时标记和位于1号和2号轴承盖上的各正时标记对准。如果没有对准，则转动曲轴1圈（360°），加上所述对准正时标记
4. 拆卸曲轴皮带轮		1. 用SST固定皮带轮并松开皮带轮螺栓，安装SST时要检查其安装位置，以防止SST安装螺栓接触正时链条盖分总成 2. 用指针式扭力扳手卸力，取下固定螺栓和曲轴皮带轮
5. 拆卸1号链条张紧器总成		1. 拆下2个螺母、托架、张紧器和衬垫，取出后摆放整齐 2. 不要在不使用链条张紧器的情况下转动曲轴
6. 拆卸正时链条盖分总成		对角线预松正时链条盖19个螺栓后，取下螺栓，用螺丝刀撬动正时链条盖和气缸盖或气缸体之间的部位，拆下正时链条盖。使用螺丝刀之前，请在螺丝刀头部缠上胶带

续表

作业内容	图片	技术要求
7. 拆卸链条张紧器导板		用手将链条张紧器导板从卡槽中取出
8. 拆卸 1 号链条振动阻尼器		使用 10 号套筒拆下 2 个螺栓和 1 号链条振动阻尼器
9. 拆卸链条分总成		1. 用扳手固定住凸轮轴的六角头部分，并逆时针旋转凸轮轴正时齿轮总成，以松开凸轮轴正时齿轮之间的链条 2. 链条松开时，将链条从凸轮轴正时齿轮总成上松开，并将其放置在凸轮轴正时齿轮总成上。确保将链条从链轮上完全松开 3. 顺时针转动凸轮轴，使其回到原来位置，并拆下链条
10. 拆卸 2 号链条振动阻尼器		使用 10 号套筒拆下 2 个螺栓和 2 号链条振动阻尼器，安装扭矩为 10 N·m
11. 安装链条分总成		1. 检查每个凸轮轴正时齿轮上的正时标记 2. 将标记板（橙色）和正时标记对准并安装链条 3. 确保使标记板位于发动机前侧 4. 不要使链条缠绕在凸轮轴正时齿轮总成的链轮周围。只可将其放置在链轮上 5. 将链条穿过 1 号振动阻尼器

作业内容	图片	技术要求
12. 将正时齿轮键置于顶部		将链条放在曲轴上，但不要使其缠绕在曲轴周围
13. 安装 1 号链条振动阻尼器		按规定扭矩拧紧 1 号链条振动阻尼器螺栓
14. 将标记板（橙色）和正时标记对准并安装链条		1. 用扳手固定住凸轮轴的六角头部分，并逆时针旋转凸轮轴正时齿轮总成，以使橙色标记板和正时标记对准 2. 确保使标记板位于发动机前侧 3. 用扳手固定住凸轮轴的六角头部分，并顺时针旋转凸轮轴正时齿轮总成 4. 为了张紧链条，缓慢地顺时针旋转凸轮轴正时齿轮总成，防止链条错位
15. 安装链条张紧器导板		将链条张紧器导板装入定位槽中

作业内容	图片	技术要求
16. 安装正时链条盖分总成		按规定扭矩对角线拧紧正时链条盖螺栓 表格如下： | 螺栓编号 | 扭矩 | | A、E | 26 N·m | | B | 51N·m | | C | 51N·m | | D | 10N·m |
17. 安装曲轴皮带盘，正时槽口对准		1. 对准正时标记 2. 用 SST 固定皮带轮就位并拧紧螺栓，扭矩为 190 N·m 3. 安装 SST 时要检查其安装位置，以防止 SST 安装螺栓接触正时链条盖分总成
18. 5S 管理		按照技术要求完成 5S 项目

▶▶ 课后延伸

一 理论测试

扫码完成理论测试。

二 任务实施巩固

要求：对操作过程用思维导图方法进行总结。

任务 2 气门传动组的拆装与检测

任务案例

王女士的车行驶里程为 15 万千米，该车出现行驶时突然熄火，无法再次启动的现象。跟王女士沟通后发现车子在行驶里程达到 12 万千米时维修过一次，且检查皮带后发现凸轮轴断裂。这时作为维修人员我们要如何做呢？

课前导入

同学们，为了完成本次工作任务，请在课前利用多种途径查阅资料预习相关知识点，也可扫一扫右方二维码进行课前资料学习，熟悉相关应知应会知识点，并完成下面的学习任务。

课前学习资料

知识点 1 气门传动组

功用：定时驱动气门开闭，并保证气门有足够的开度和适当的气门间隙。
组成：由凸轮轴、挺柱、推杆和摇臂等组成。

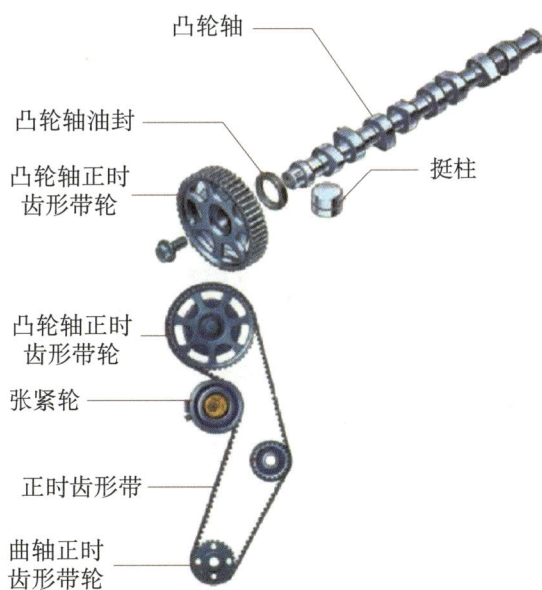

图 2-2-1 气门传动组

1. 凸轮轴

凸轮轴的作用是控制气门的开闭及其升程的变化规律。

凸轮轴由凸轮和轴颈两部分组成（见图2-2-2），其外廓形状决定了气门的开闭时刻及其升程的变化规律（见图2-2-3）。

图 2-2-2 凸轮轴

图 2-2-3 凸轮轮廓

2. 挺柱

挺柱的作用是将凸轮的推力传给推杆或气门，并承受凸轮轴旋转时所施加的侧向力。常见的有机械式和液压式两类（见图2-2-4和图2-2-5）。

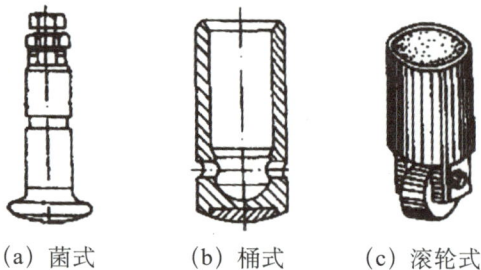

（a）菌式　　　　（b）桶式　　　　（c）滚轮式

图 2-2-4 机械式气门挺柱

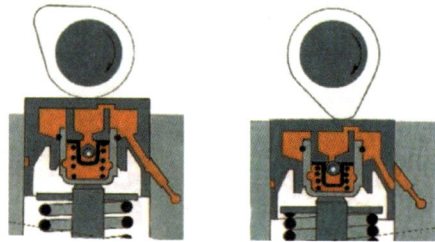

（a）气门关闭时　　　（b）气门打开时

图 2-2-5 液压式气门挺柱

小试牛刀

1. 气门传动组的组成：_____、_____、_____、_____等组成。
2. 凸轮轴的组成：_____、_____等组成。
3. 挺柱的分类：_____、_____。
4. 气门升程：_____
5. 气门升程的大小由_____决定。

知识点 2　气门间隙

1. 气门间隙概念

为保证气门关闭严密，通常发动机在冷态装配时，在气门杆尾端与气门驱动零件（摇臂、挺柱或凸轮）之间留有适当的间隙（见图 2-2-6）。

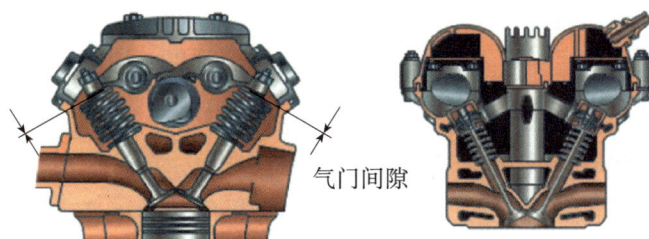

图 2-2-6 气门间隙

2. 气门间隙过大过小的影响

不同机型，气门间隙的大小不同，根据实验确定。一般冷态时，排气门间隙大于进气门间隙，进气门间隙为 0.25～0.3 mm，排气门间隙为 0.3～0.35 mm。

（1）气门间隙过大。间隙过大会造成进、排气门开启迟，进而会缩短进、排气时间，降低气门的开启高度，改变正常的配气相位，使发动机因进气不足、排气不净，而功率下降。此外，还使配气机构零件的撞击增加，磨损加快。

（2）气门间隙过小。间隙过小将会造成，发动机工作后，零件因受热膨胀，将气门推开，使气门关闭不严，造成漏气，功率下降，并使气门的密封表面严重积炭或烧坏，甚至气门撞击活塞。

3. 零气门间隙

采用液力挺柱或气门间隙自动补偿器可以实现零气门间隙，不用调整气门间隙。

小试牛刀

1. 气门间隙：_____

2. 气门间隙过大的危害：

_____

_____

_____

3. 气门间隙过小的危害：

_____

_____

_____

4. 零气门间隙：_____

5. 零气门间隙的优缺点：

_____

_____

知识点 3 可变气门正时及可变气门升程

气门的开闭时刻及升程的变化规律是由凸轮的外廓形状决定的，因此气门的正时和升程是固定不变的。但发动机在不同工况时，对混合气量的要求是不一样的，而可变气门升程及正时技术就是为此服务的。可变气门升程主要通过控制气门开启大小来控制进排气量。可变气门正时技术主要通过改变发动机气门开启和闭合的时间来合理控制相应发动机转速所需的空气量，使发动机在不同工况和转速下获得更高的进、排气效率，进一步提升动力并降低油耗。

20 世纪 80 年代，诸多企业开始投入了可变气门正时的研究。1989 年本田首次发布了"可变气门正时和气门升程电子控制系统"（Variable Valve Timing and Valve Lift Electronic Control System，VTEC）。此后，各家企业不断发展该技术，到今天已经非常成熟，丰田也开发了 VVT-i，保时捷开发了 VarioCam，现代开发了 DVVT……几乎每家企业都有了自己的可变气门正时技术。一系列可变气门技术虽然商品名各异，但其设计思想却极为相似。

1. VTEC 可变气门正时和气门升程电子控制系统

VTEC 系统全称是可变气门正时和升程电子控制系统，是本田的专有技术，它能随发动机转速、负荷、水温等运行参数的变化而适当地调整气门正时和气门升程，使发动机在高、低速下均能达到最高效率。图 2-2-7 为本田 i-VTEC 工作原理。

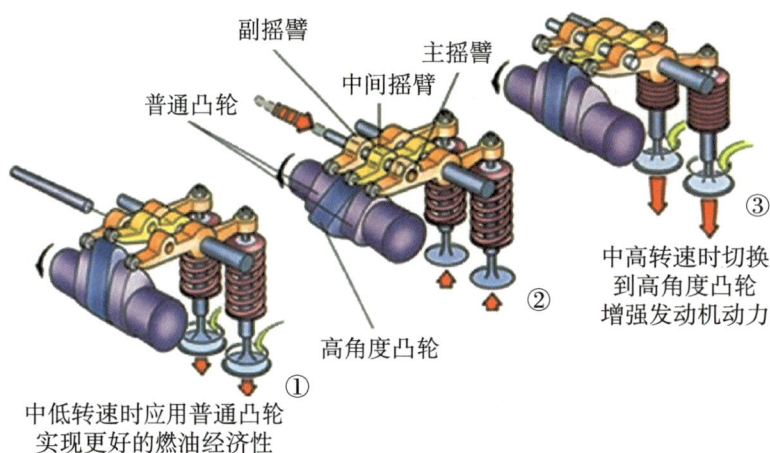

图 2-2-7 本田 i-VTEC 工作原理

VTEC 搭载了分别适用于低转速和高转速的两种凸轮，在凸轮轴上设置两组不同角度的凸轮来控制进气气门的开启时间和开启幅度。在低转速时，使用角度较小的凸轮，保持气门开启时间和幅度处于较小的状态，减少气体流失和油耗；在高转速时，使用角度较大的凸轮，保持气门开启时间和幅度处于较大的状态，增加进气量和动力输出。VTEC 技术可以在两种凸轮之间进行切换，实现两段式的气门控制。

2. VVT-i 可变气门正时系统

VVT-i 是丰田公司的智能可变气门正时系统的英文缩写。该系统可连续调节气门正时，但不能调节气门升程。它的工作原理是，当发动机由低速向高速转换时，电子计算机就自动地将机油压向进气凸轮轴驱动齿轮内的小涡轮，这样，在压力的作用下，小涡轮就相对于齿轮壳旋转一定的角度，从而使凸轮轴在 60° 的范围内向前或向后旋转，从而改变进气门开启的时刻，达到连续调节气门正时的目的。

小试牛刀

1. 可变气门正时：_____

2. 可变气门升程：_____

3. 采用可变气门正时与升程的目的：_____

课中实践

一 能力测评

请扫码完成相应的能力测评。

二 工作任务

1. 任务分组

班级		组号		指导老师	
组长		承担任务			
组员及分工	姓名	承担任务	姓名	承担任务	

2. 任务实践

作业内容	图解	技术提要
1. 任务准备		1. 设备：科鲁兹 1.6L LDE 发动机及翻转架、零件台、工具车、维修手册 2. 工具：世达工具、配气机构正时锁止工具、指针式扭力扳手、定扭力扳手、摇把、角度规、塞尺 3. 辅助材料：抹布、吸油纸

作业内容	图解	技术提要
2. 安装飞轮锁止工具		将曲轴锁止工具正确装入 _____ 中，并固定 1- 曲轴锁止工具　2- 飞轮
3. 锁止进、排气凸轮轴后端		使用 _____ 扳手转动凸轮轴六角头，直至凸轮轴末端的凹槽处于 _____ 位置，将锁止工具插入凸轮轴后端凹槽中 1- 开口扳手　2- 凸轮轴六角头
4. 拆下进、排气凸轮轴调节器密封塞		使用 _____ 扳手和 _____ 号套筒对凸轮轴调节器密封塞进行卸力，然后取下凸轮轴调节器密封塞
5. 拆下进、排气凸轮轴调节器		1. 取出调节器锁止工具 2. 使用 _____ 扳手和 _____ 号套筒对凸轮轴调节器螺栓进行卸力，然后取下凸轮轴调节器 1- 凸轮轴位置执行器调节器密封螺塞 2- 凸轮轴位置执行器调节器密封螺栓 3- 凸轮轴位置执行器调节器

作业内容	图解	技术提要
6. 拆正时皮带后盖		卸力时注意顺序，即 _____ 1- 正时皮带后盖　2- 正时皮带后盖螺栓
7. 拆卸第一凸轮轴轴承盖		1. 轴承盖螺栓拆卸顺序：_____ 2. 用 _____ 轻轻敲打以松开轴承盖 1- 第一凸轮轴轴承盖
8. 分离凸轮轴前油封		必须更换 _____ 1- 凸轮轴前油封
9. 拆卸进、排气凸轮轴油封及轴承盖		1. 以 _____ 圈的增量从 _____ 的顺序旋松 8 个凸轮轴承盖螺栓 2. 按照顺序摆放轴承盖 3. 注意轴承盖的数字方向 1- 进气凸轮轴

续表

作业内容	图解	技术提要
10. 取下挺柱		用 _____ 取出挺柱按照顺序摆放在 _____ 里 1- 气门挺柱
11. 清洁气门传动组组件		1. 用 _____ 清洁第一凸轮轴轴承架和气缸盖的密封面，清除油管中的残余密封胶 2. 清洁凸轮轴轴承盖、轴承座及螺栓 3. 清洁凸轮轴表面 4. 用 _____ 吹净各组件及油道
12. 目视检查各组件		检查（凸轮轴）／损坏（是或否）／磨损（是或否）表格如下
13. 安装挺柱		1. 使用 _____ 按顺序安装挺柱 2. 在安装好的挺柱表面涂抹 _____
14. 安装进、排气凸轮轴		1. 在凸轮轴轴承座表面涂抹 _____ 2. 正确装入进、排气凸轮轴 3. 将1缸进、排气凸轮轴的凸轮分别朝 _____、_____ 放置，呈 _____ 形 4. 在凸轮轴轴径及凸轮表面涂抹 _____

第12项"目视检查各组件"技术提要表：

检查（凸轮轴）	损坏（是或否）	磨损（是或否）
凸轮		
轴颈		
轴承盖		
轴承座		
螺栓		
挺柱		

作业内容	图解	技术提要
15.安装凸轮轴轴承盖		1. 在凸轮轴轴承盖接触面上涂抹 _____，注意螺栓及螺栓孔中不要接触到油液 2. 按顺序装入 2～9 号凸轮轴轴承盖并将螺栓按规定扭矩拧紧 3. 安装 8 个进气凸轮轴轴承盖螺栓，并按 _____ 的顺序螺旋式紧固 4. 安装 8 个排气凸轮轴轴承盖螺栓，并按 _____ 的顺序螺旋式紧固 规定扭矩： 凸轮轴轴承盖螺栓 _____N·m 1- 进气凸轮轴
16.安装第一凸轮轴轴承盖		1.密封面（箭头）必须无 _____ 2.必须确保没有 _____ 涂到标记的密封区域（1）之外 3.邻近密封面的凹槽必须保持 _____ 状态 4.第一凸轮轴轴承盖安装顺序为 _____ 凸轮轴轴承盖螺栓 _____N·m 1- 密封区域 1- 第一凸轮轴轴承盖

作业内容	图解	技术提要
17.安装正时皮带后盖		按照 _____ 顺序按规定扭矩拧紧正时皮带后盖螺栓 规定扭矩： 正时皮带后盖螺栓 _____ N·m 1- 正时皮带后盖　2- 正时皮带后盖螺栓
18.安装进、排气凸轮轴调节器及锁止工具		调节器螺栓　第一遍 _____ N·m 　　　　　　第二遍 _____ ° 　　　　　　第三遍 _____ ° 调节器封闭螺塞 _____ N·m 1- 凸轮轴位置执行器调节器密封螺塞 2- 凸轮轴位置执行器调节器密封螺栓 3- 凸轮轴位置执行器调节器
19.完成正时皮带的安装		参考任务 1 的任务要求完成安装

续表

作业内容	图解	技术提要
20. 安装扭转减震器并旋转曲轴检查正时		1. 拆下扭转减震器锁止工具、曲轴锁止工具、凸轮轴锁止工具 2. 按照发动机旋转方向旋转曲轴 _____ 圈，查看 _____ 标记 1- 气缸 1 的压缩冲程上止点
21. 检查凸轮轴位置		检查气缸 2 进气侧凸轮（1）和气缸 3 排气侧凸轮（2）位于顶部且略微向 _____ 倾斜相同角度 1- 气缸 2 进气侧凸轮　2- 气缸 3 排气侧凸轮

| 22. 检查气门间隙 | | 使用 _____ 检查气门间隙并记下气缸 2 进气侧凸轮（1）和气缸 3 排气侧凸轮（2）的测量结果 |

	标准值范围（mm）	测量值（mm）	是否合格
进气门 2（1）			
排气门 3（2）			

| 23. 旋转曲轴沿发动机旋转方向转动 180° | | 气缸 1 进气侧凸轮（1）和气缸 4 排气侧凸轮（2）以一定角度指向上方 |

	标准值范围（mm）	测量值（mm）	是否合格
进气门 1（1）			
排气门 4（2）			

续表

作业内容	图解	技术提要
23. 旋转曲轴沿发动机旋转方向转动180°		 1- 气缸1进气侧凸轮 2- 气缸4排气侧凸轮
24. 旋转曲轴沿发动机旋转方向转动180°		气缸3进气侧凸轮（1）和气缸2排气侧凸轮（2）以一定角度指向上方 |	标准值范围（mm）	测量值（mm）	是否合格
---	---	---	---
进气门3（1）			
排气门2（2）				 1- 气缸3进气侧凸轮 2- 气缸2排气侧凸轮
25. 旋转曲轴沿发动机旋转方向转动180°		气缸4进气侧凸轮（1）和气缸1排气侧凸轮（2）以一定角度指向上方 |	标准值范围（mm）	测量值（mm）	是否合格
---	---	---	---
进气门4（1）			
排气门1（2）				 1- 气缸4进气侧凸轮 2- 气缸1排气侧凸轮

续表

作业内容	图解	技术提要
26. 曲轴转动 180°，至气缸 1 做功冲程的上止点		检查扭转减震器、凸轮轴调节器、凸轮轴正时标记是否对齐
27. 根据测量结果选配合适的挺柱	测量间隙值 实际厚度值	新挺杆厚度＝测量气门间隙值＋实际厚度值－标准气门间隙 其中： 进气门标称值 =0.25 mm 排气门标称值 =0.30 mm 实际厚度值为 27X 尺寸：3.258 mm
28. 5S 管理		按照技术要求完成 5S 项目

3. 实施总结

评价内容	赋分	序号	具体指标	分值	得分		
					自评	组评	师评
仪容仪表	15	1	工作服、鞋、胸卡穿戴整洁	5			
		2	发型、指甲等符合工作要求	5			
		3	不佩戴首饰、钥匙、手表等	5			
学习及工作过程	60	4	安装飞轮锁止工具	2			
		5	锁止进、排气凸轮轴后端	2			
		6	拆下进、排气凸轮轴调节器密封塞	2			
		7	拆下进、排气凸轮轴调节器	2			
		8	拆正时皮带后盖	2			

评价内容	赋分	序号	具体指标	分值	得分		
					自评	组评	师评
学习及工作过程		9	拆卸第一凸轮轴轴承架	2			
		10	分离凸轮轴密封圈	2			
		11	拆卸进、排气凸轮轴油封及轴承盖	2			
		12	取下挺柱	2			
		13	清洁气门传动组组件	2			
		14	目视检查各组件	2			
		15	安装挺柱	2			
		16	安装进、排气凸轮轴	2			
		17	安装凸轮轴轴承盖	2			
		18	安装第一凸轮轴轴承架	2			
		19	安装正时皮带后盖	2			
		20	安装进、排气凸轮轴调节器及锁止工具	2			
		21	完成正时皮带的安装	2			
		22	安装扭转减震器并旋转曲轴检查正时	2			
		23	检查凸轮轴位置	3			
		24	检查气门间隙	4			
		25	旋转曲轴沿发动机旋转方向转动180°	3			
		26	旋转曲轴沿发动机旋转方向转动180°	3			
		27	旋转曲轴沿发动机旋转方向转动180°	3			
		28	曲轴转动180°，至气缸1做功冲程的上止点	3			
		29	根据测量结果选配合适的挺柱	3			
职业素养	25	30	坚持出勤，遵守规章制度	5			
		31	服从安排，积极参加组内活动	5			
		32	在规定时间完成，认真填写工单	5			
		33	节约用水用电用气，注意环保	5			
		34	执行5S工作	5			
综合得分				100			
总结反馈			团队分工与合作的方面				
			熟练掌握与运用的方面				
			需要巩固与提升的方面				
			改进措施与路径的方面				

三　学习目标达成情况

序号	学习内容（知识、技能、行为习惯、职业素养）	评价标准			
		了解知道	理解掌握	指导下操作	独立操作

课后延伸

一　理论测试

扫码完成理论测试。

二　任务实施巩固

要求：对操作过程用思维导图方法进行总结。

任务 3　气门组的拆装与检测

任务案例

王女士的科鲁兹车，开了 15 万千米，最近发现排气烟多，特别是长时间停车后再次启动瞬间冒蓝烟，检查后发现是气门油封老化导致的。

课前导入

同学们，为了完成本次工作任务，请在课前利用多种途径查阅资料预习相关知识点，也可扫一扫右方二维码进行课前资料学习，熟悉相关应知应会知识点，并完成下面的学习任务。

课前学习资料

知识点 1　气门

气门组由气门、气门导管、气门弹簧、气门弹簧座、锁片、气门座圈、油封等零件组成，如图 2-3-1 所示。

1. 气门的作用

气门是用来封闭气道的。气门由头部和杆身两部分组成。头部用来封闭排气道，杆身用来在气门开闭过程中起导向作用。

2. 气门的工作条件

气门的工作条件是很恶劣的。

（1）气门头部直接与气缸内燃烧的高温气体接触，承受的工作温度很高，进气门达 570～670K，排气门高达 1050～1200K。

（2）气门散热困难，主要靠头部密封锥面与气门座接触处散热，气门杆与气门导管之间也能散失一部分热量，但散热面积小于受热面积。

（3）气门在关闭时承受很大的落座冲击力，且发动机转速越高，冲击力越大。

（4）气门还受燃气中腐蚀介质的腐蚀。

（5）气门润滑困难。

（6）气门还要承受气体压力、传动组零件惯性力的作用。

气门锁片
上气门弹簧座
气门弹簧
气门油封
气门导管
气门座圈
气门

图 2-3-1　气门组

3. 气门的材料

由于气门的工作条件很差，要求气门材料必须有足够的强度、刚度，且耐高温和耐磨损。进气门一般采用中碳合金钢，排气门多采用耐热合金钢。

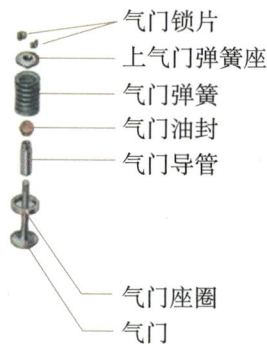

4.气门头部结构形式

常见气门头部结构分为平顶式、凸顶式和凹顶式，如图 2-3-2 所示。气门头部直径越大，气门口通道截面就越大，进、排气阻力就越小。通常进气门头部直径大于排气门。另外，排气门稍小些，还不易变形。三种结构形式的特点和应用场合如表 2-3-1 所示。

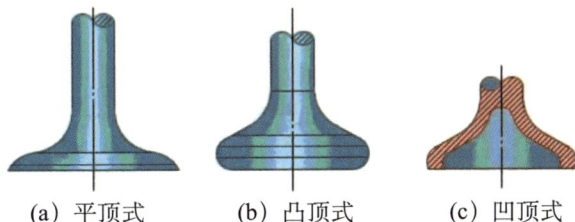

(a) 平顶式　　　(b) 凸顶式　　　(c) 凹顶式

图 2-3-2　气门头部结构形式

表 2-3-1　三种结构形式的特点及应用场合

气门结构形式	特点和应用
平顶式	结构简单，制造方便，吸热面积小，质量也小，进、排气门都可采用
凸顶式（球面顶）	适用于排气门，因为其强度高，排气阻力小，废气的清除效果好，但球形的受热面积大，质量和惯性力大，加工复杂
凹顶式	减少阻力，但其顶部受热面积大，故只适用于进气门

5.气门锥角

气门锥角是指气门头部与气门座圈接触的锥面与气门顶部平面的夹角。

45°　　　　　　　30°

图 2-3-3　气门头部锥角

（1）气门锥角的作用：

①像锥形塞子可以塞紧瓶口一样，能获得较大的气门座合压力，以提高密封性和导热性；

②气门落座时有自动定位作用；

③避免气流拐弯过大而降低流速；

④气门落座时能挤掉接触面的沉积物，即有自洁作用。

（2）气门锥角的大小：进气门一般为 30°；排气门一般为 45°。

①进气门锥角较小，多用 30°。因锥角越小，进气通道截面越大，进气量越多。

②排气门锥角较大，通常为 45°。因锥角越大，气门头部边缘的厚度大，不易变形。因排气门热负荷较大而用较大的锥角，以加强散热和避免受热变形。且锥角越大，座合压力越大，自洁作用越大。

小试牛刀

1. 气门组的组成：由 _____、_____、_____、_____、_____、_____、
_____ 等组成。

2. 气门的作用：_____

3. 气门头部的形状：_____、_____、_____。进气门适用于 _____ 和
_____；排气门适用于 _____ 和 _____。

4. 气门锥角的作用：_____

5. 进气门的锥角为 _____°；排气门的锥角为 _____°。

知识点 2 气门座

气门座是指气缸盖的进、排气道与气门锥面相结合的部位（见图 2-3-4）。

作用：靠其内锥面与气门锥面的紧密贴合密封气缸。接受气门传来的热量。

图 2-3-4 气门座 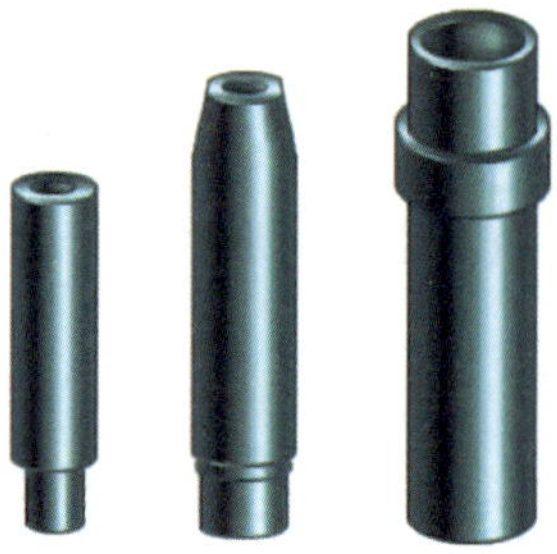   图 2-3-5 气门导管

小试牛刀

1. 气门座的作用：_____

2. 气门座的优缺点：_____

知识点 3 气门导管

气门导管如图 2-3-5 所示。

1. 作用

为气门的运动导向，保证气门直线运动，同时还起到导热作用，将气门头部传给杆身的热量，通过气缸盖传出去。

2. 工作条件

工作温度较高，约 500K。润滑是靠配气机构飞溅出来的机油进行润滑的，因此，润滑困难，易磨损。

3. 材料

用含石墨较多的合金铸铁或粉末冶金材料，能提高自润滑作用。

4. 装配

气门杆与气门导管间隙为 0.05～0.12mm。

小试牛刀

1. 气门导管的作用： _____
2. 气门导管采用的材料： _____
3. 气门导管与气门杆的间隙为： _____。

知识点 4 气门弹簧

气门弹簧如图 2-3-6 所示。

作用：保证气门回位，使气门与气门座紧密贴合。气门关闭时，保证气门及时关闭、密封；气门开启时，保证气门不脱离凸轮。

小试牛刀

1. 气门弹簧的作用： _____
2. 防止气门弹簧共振的措施： _____ 和 _____。

知识点 5 锁片

锁片如图 2-3-7 所示。

作用：在气门弹簧力的作用下把弹簧座和气门杆锁住，使弹簧力作用到气门杆上。

图 2-3-6 　气门弹簧

图 2-3-7 　锁片

小试牛刀

锁片的分类： _____ 和 _____。目前车子上常采用的锁片类型为 _____。

知识点 6 气门油封

常见气门油封如图 2-3-8 所示。气门油封是发动机气门组的重要零件之一，在高温下与汽油和机油相接触。因此需要采用耐热性和耐油性优良的材料，一般由氟橡胶制作。

气门油封的主要作用：

（1）可以防止机油进入进（排）气管，避免造成机油流失；

（2）防止汽油与空气的混合气体以及排放废气泄漏；

（3）防止发动机机油进入燃烧室，如图 2-3-9 所示。

图 2-3-8　气门油封

缸盖飞溅的机油
气门油封
气门导管
缸盖
进气道
形成积碳
进入气缸参与燃烧

图 2-3-9　气门油封的作用

小试牛刀

1. 气门油封的作用：_____。

2. 气门油封的材料：_____

3. 气门油封老化会导致排气管冒_____烟。

课中实践

一　能力测评

请扫码完成相应的能力测评。

二　工作任务

1. 任务分组

班级		组号		指导老师	
组长		承担任务			
组员及分工	姓名	承担任务		姓名	承担任务

2. 任务实践

作业内容	图解	技术提要
1. 任务准备		1. 设备：科鲁兹 1.6L LDE 发动机及翻转架、零件台、工具车、维修手册 2. 工具：世达工具、吸棒、油封钳、钢丝刷、游标卡尺、油盆、抹布、染色剂、护目镜、气门拆装专用工具等 3. 辅助材料：抹布、吸油纸
2. 使用专用工具释放气门座圈		1. 拆装前必须佩戴 _____ 2. 专用工具一端紧贴气门头部，另一端放于气门弹簧座上，操作工具压紧气门弹簧
3. 取出气门锁片		使用 _____ 取出两个气门锁片，按顺序摆放整齐
4. 取出弹簧座圈、气门弹簧及气门		使用 _____ 取出弹簧座圈及弹簧，推动气门杆取出气门，按顺序摆放整齐

作业内容	图解	技术提要
5. 取出气门油封		使用 _____ 夹出气门油封，按顺序摆放整齐
6. 清洁气门		1. 用 _____ 清洁气门头上的积碳。不得使用钢丝刷清洁气门杆的任何部分。气门杆表面镀铬以增强抗磨损特性。对气门杆使用钢丝刷会除去镀铬层 2. 用 _____ 清洗气门并将其擦干
7. 进、排气门外观检查		1. 检查气门是否有以下状况：

7. 进、排气门外观检查 技术提要表：

序号	检查项目	有 / 无
1	气门座部位点蚀	
2	气门余量厚度不足	
3	气门杆弯曲	
4	气门杆点蚀或严重磨损	
5	气门锁片槽磨损	
6	气门杆顶端磨损	

2. 如果存在上述任一状况，则 _____

作业内容	图解	技术提要
8. 进、排气门座接触面宽度测量		1. 使用游标卡尺或合适的工具测量气门座接触面宽度 表见下 2. 如果测量结果超出范围，则 _____，以便使宽度恢复到规格内
9. 测量进、排气门接触面宽度		用适当的标尺在气门锥面（1）上测量气门座宽度 表见下 注意：气门座接触面至少要距离气门外径（余量）0.5 毫米（0.020 英寸）。如果接触区域距离边缘太近，则必须 _____ 气门座以使接触区域远离边缘 1- 气门锥面宽度

作业内容 8 的表格：

名称	标准值（mm）	测量值
进气门座宽度		
排气门座宽度		

作业内容 9 的表格：

名称	标准值（mm）	测量值
进气门接触面宽度		
排气门接触面宽度		

续表

作业内容	图解	技术提要
10. 检查进、排气门同心度		检查气门对气门座同心度，确定气门和气门座是否正常密封。 1. 将_____涂于气门锥面上，装入_____，用力抵着_____转动_____，以磨去_____ 2. 拆下气门，检查气门锥面印痕_____。如果印痕_____则修整气门锥面或更换气门，并且必须修整气门座
11. 清洁气门与气门座		清洁气门与气门座表面后，在接触表面涂抹_____
12. 安装气门、气门弹簧、气门座圈		将对应的气门、气门弹簧、气门座圈_____后，用气门拆装专用工具压紧
13. 装入气门锁片		在锁片表面涂抹_____后，使用_____装入两个气门锁片
14. 取下气门拆装专用工具		安装完毕后缓慢松开气门拆装专用工具

续表

作业内容	图解	技术提要
15.5S 管理		按照技术要求完成 5S 项目

3. 实施总结

评价内容	赋分	序号	具体指标	分值	得分 自评	得分 组评	得分 师评
仪容仪表	15	1	工作服、鞋、胸卡穿戴整洁	5			
		2	发型、指甲等符合工作要求	5			
		3	不佩戴首饰、钥匙、手表等	5			
学习及工作过程	60	4	使用专用工具释放气门座圈	5			
		5	取出气门锁片	5			
		6	取出弹簧座圈、气门弹簧及气门	5			
		7	取出气门油封	5			
		8	清洁气门	3			
		9	进、排气门外观检查	3			
		10	进、排气门座接触面宽度测量	5			
		11	测量进、排气门接触面宽度	5			
		12	检查进、排气门同心度	5			
		13	清洁气门与气门座染色剂	5			
		14	安装气门、气门弹簧、气门座圈	6			
		15	装入气门锁片	6			
		16	取下气门拆装专用工具	2			
职业素养	25	16	坚持出勤，遵守规章制度	5			
		17	服从安排，积极参加组内活动	5			
		18	在规定时间完成，认真填写工单	5			
		19	节约用水、用电、用气，注意环保	5			
		20	执行 5S 工作	5			
综合得分				100			

续表

评价内容	赋分	序号	具体指标	分值	得分		
					自评	组评	师评
总结反馈			团队分工与合作的方面				
			熟练掌握与运用的方面				
			需要巩固与提升的方面				
			改进措施与路径的方面				

三　学习目标达成情况

序号	学习内容（知识、技能、行为习惯、职业素养）	评价标准			
		了解知道	理解掌握	指导下操作	独立操作

课后延伸

一　理论测试

扫码完成理论测试。

二　任务实施巩固

要求：对操作过程用思维导图方法进行总结。

汽车技术专业项目化课程评价

同学们，本项目学习结束了，感谢你始终如一地努力学习和积极配合。为了能使我们不断地作出改进，提高专业教学效果，我们珍视各种建议、创意和批评。为此，我们很乐于了解你对本项目学习的真实看法。当然，这一过程中所收集的数据采用不记名的方式，我们都将保密，且不会透漏给第三方。对于有些问题，只需打"√"作出选择，有些问题，则请以几个关键词给出一个简单的答案。

项目名称：＿＿＿＿＿　教师姓名：＿＿＿＿＿

课程时间：　年　月　日—　日　第　周

授课地点：＿＿＿＿＿

	很满意	满意	一般	不满意	很不满意

模块教学组织评价

1. 你对实训楼整个教学秩序是否满意？
2. 你对实训楼整个环境卫生状况是否满意？
3. 你对实训楼学生整体的纪律表现是否满意？
4. 你对你们这一小组的总体表现是否满意？
5. 你对这种理实一体的教学模式是否满意？

培训教师评价

6. 你如何评价培训教师（总体印象/能力/表达能力/说服力）？
7. 教师组织培训通俗易懂，结构清晰。
8. 教师非常关注学生的反应。
9. 教师能认真指导学生，对任何学生都不放弃。
10. 你对培训氛围是否满意？
11. 你认为理论和实践的比例分配是否合适？
12. 你对教师在岗情况是否满意（上课经常不在培训室、接打手机等）？

培训内容评价

13. 你对培训涉及的题目及内容是否满意？
14. 课程内容是否适合你的知识水平？
15. 培训中使用的各种器材是否丰富？
16. 你对发放的学生手册和学生工作手册是否满意？

请回答下列问题

1. 在培训组织的哪些方面还需要进一步改进？

＿＿＿＿＿＿＿＿＿＿＿＿＿＿＿＿＿＿＿＿

＿＿＿＿＿＿＿＿＿＿＿＿＿＿＿＿＿＿＿＿

2. 哪些培训内容你特别感兴趣，为什么？

_____

_____

_____

3. 哪些培训内容你不是特别感兴趣，为什么？

_____

_____

_____

4. 关于培训内容，是否还有你想学但老师这次没有涉及的？如有，请指出。

_____

_____

_____

5. 你对哪些培训内容比较满意？哪些方面还需要进一步改进？

_____

_____

_____

6. 你希望每次活动都给小组留有一定讨论时间吗？你认为多长时间合适？

_____

_____

_____

7. 通过这个项目的学习，你最想对自己说些什么？

_____

_____

_____

8. 通过这个项目的学习，你最想对教授本项目的教师说些什么？

_____

_____

_____

项目❸
曲柄连杆机构的拆装与检测

📝 项目描述

柄连杆机构是内燃机实现工作循环，完成能量转换的传动机构，用来传递力和改变运动方式。曲柄连杆机构在做功行程把活塞的往复运动转变成曲轴的旋转运动，对外输出动力；而在其他三个行程，即进气、压缩、排气行程中又把曲轴的旋转运动转变成活塞的往复直线运动。曲柄连杆机构的零件分为机体组、活塞连杆组和曲轴飞轮组三个部分。

通过本项目的学习，要在知识、技能、行为习惯、职业素养等方面达到学思用贯通、知信行统一，能够养成精益求精的工匠精神、绿色环保的责任意识以及吃苦耐劳的卓越品质，并将尊重创造、敬业奉献、服务人民融入学习生活中。

⊞ 学习路径

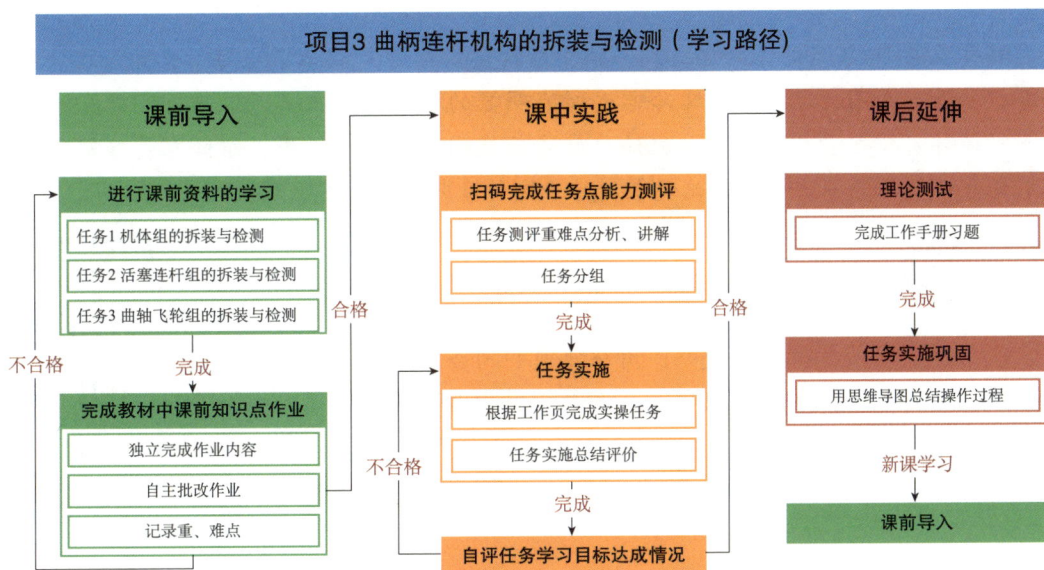

学习目标

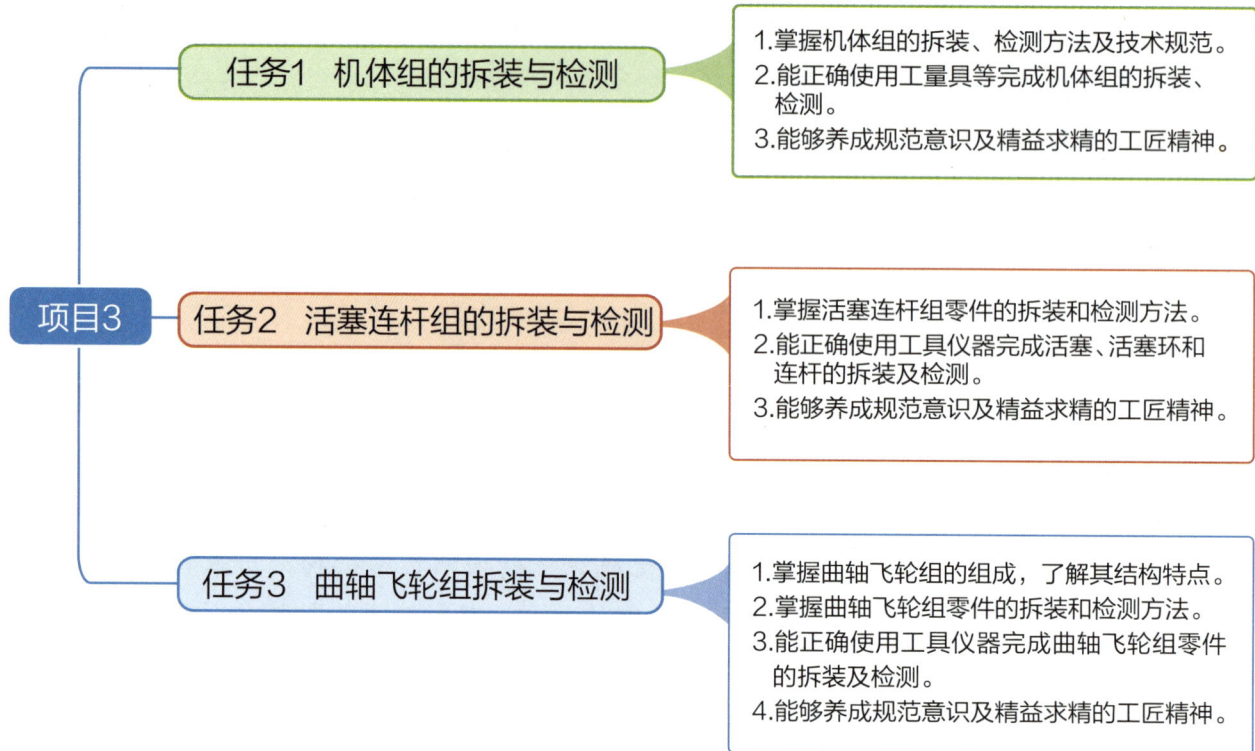

```
                           ┌─────────────────────────────────────────┐
      任务1  机体组的拆装与检测  │ 1.掌握机体组的拆装、检测方法及技术规范。   │
                           │ 2.能正确使用工量具等完成机体组的拆装、     │
                           │   检测。                                  │
                           │ 3.能够养成规范意识及精益求精的工匠精神。   │
                           └─────────────────────────────────────────┘

                           ┌─────────────────────────────────────────┐
项目3  任务2  活塞连杆组的拆装与检测│ 1.掌握活塞连杆组零件的拆装和检测方法。     │
                           │ 2.能正确使用工具仪器完成活塞、活塞环和     │
                           │   连杆的拆装及检测。                       │
                           │ 3.能够养成规范意识及精益求精的工匠精神。   │
                           └─────────────────────────────────────────┘

                           ┌─────────────────────────────────────────┐
      任务3  曲轴飞轮组拆装与检测  │ 1.掌握曲轴飞轮组的组成,了解其结构特点。   │
                           │ 2.掌握曲轴飞轮组零件的拆装和检测方法。     │
                           │ 3.能正确使用工具仪器完成曲轴飞轮组零件     │
                           │   的拆装及检测。                           │
                           │ 4.能够养成规范意识及精益求精的工匠精神。   │
                           └─────────────────────────────────────────┘
```

任务 1　机体组的拆装与检测

任务案例

通用科鲁兹品牌4S店的维修部接到一辆维修轿车。据称,该车车主由于长期未在保养周期内对车辆进行保养,久而久之导致汽车冷启动时有明显的嗒嗒的敲击声,温度升高时,响声减弱或消失。有时还伴有排气管排蓝烟、加机油口处冒蓝烟的现象。经检查,维修人员怀疑该车可能由于润滑不良导致气缸磨损严重导致此现象。对于这种情况我们该怎么解决?

课前导入

同学们,为了完成本次工作任务,请在课前利用多种途径查阅资料预习相关知识点,也可扫一扫右方二维码进行课前资料学习,熟悉相关应知应会知识点,并完成下面的学习任务。

课前学习资料

知识点 1　气缸盖

发动机的机体组主要由气缸体、曲轴箱、气缸盖和气缸垫等零件组成，如图 3-1-1 所示。

图 3-1-1　发动机的机体总组成

气缸盖安装在气缸体的上面，从上部密封气缸，并构成燃烧室。水冷发动机的气缸盖内部制有冷却水套，气缸盖下端面的冷却水孔与气缸体的冷却水孔相通。气缸盖上还装有进、排气门座，气门导管孔，用于安装进、排气门，还有进气通道和排气通道等。汽油机的气缸盖上加工有安装火花塞的孔，顶置凸轮轴式发动机的气缸盖上还加工有凸轮轴轴承孔，用以安装凸轮轴。

气缸盖一般采用灰铸铁或合金铸铁铸成，由于铝合金的导热性好，有利于提高压缩比，因此近年来铝合金气缸盖被采用得越来越多。

气缸盖是燃烧室的组成部分，燃烧室的形状对发动机的工作影响很大。汽油机燃烧室常见的有半球形燃烧室、楔形燃烧室、盆形燃烧室三种形式，如图 3-1-2 所示。

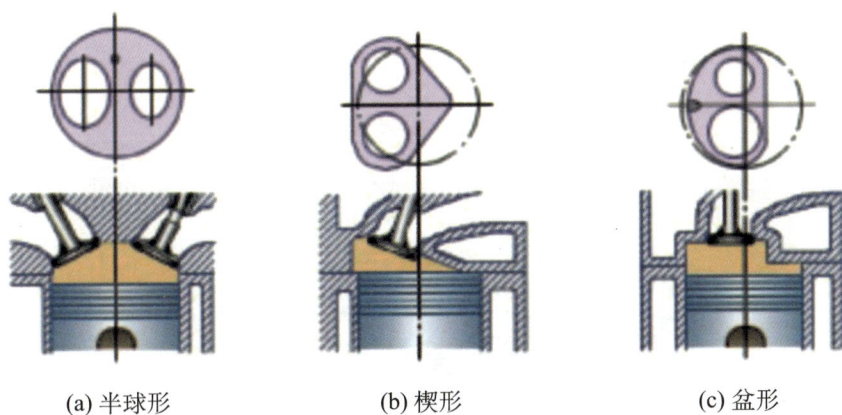

(a) 半球形　　　　　　　(b) 楔形　　　　　　　(c) 盆形

图 3-1-2　汽油机燃烧室类型

小试牛刀

1. 请联系实际，在表格中填写下列汽油机燃烧室类型分别运用在哪些车型。

汽油机燃烧室类型	代表车型
半球形燃烧室	
楔形燃烧室	
盆形燃烧室	

2. 查一查，如果汽车缸盖变形会出现哪些问题？该怎么处理？

_____

_____

_____

_____

_____

_____

_____

_____

知识点 2 气缸垫

气缸垫装在气缸盖和气缸体之间，其功用是，防止漏气、漏水和漏油，如图 3-1-3 所示。气缸垫要有一定的弹性，能补偿结合面的不平度，以确保密封，同时要有好的耐热性和耐压性，在高温高压下不烧损、不变形。

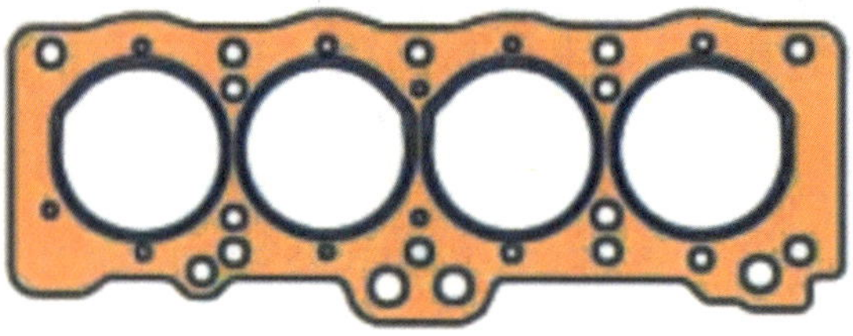

图 3-1-3 气缸垫

目前应用较多的气缸垫有金属－石棉气缸垫，这种石棉中间夹有金属丝或金属屑，且外覆铜皮或钢皮；另一种是采用实心金属片制成的，这种垫多用在强化发动机上，在轿车和赛车上多采用这种；此外还有中心用编制的钢丝网或有孔钢板为骨架、两边用石棉及橡胶黏结剂压成的气缸盖衬垫。

安装气缸垫时，首先要检查气缸垫的质量和完好程度，所有气缸垫上的孔要和气缸体上的孔对齐，其次要严格按照技术要求上好气缸盖螺栓。拧紧气缸盖螺栓时，必须由中央对称地向四周扩展的顺序分 2~3 次进行，最后一次拧紧到规定的力矩。

小试牛刀

1. 金属－石棉气缸垫和实心金属气缸垫各有什么特点？

气缸垫类型	特点
金属－石棉气缸垫	
实心金属气缸垫	

2. 查一查，气缸垫损坏对发动机有什么影响？如何更换气缸垫？

_____

_____

_____

_____

_____

_____

知识点 3　气缸体

水冷发动机的气缸体和上曲轴箱常铸成一体，称为气缸体－曲轴箱，也可称为气缸体。气缸体一般用灰铸铁铸成，气缸体上部的圆柱形空腔称为气缸，下半部为支承曲轴的曲轴箱，其内腔为曲轴运动的空间。在气缸体内部铸有许多加强筋，冷却水套和润滑油道等。如图 3-1-4 所示。

图 3-1-4　气缸体

气缸体应具有足够的强度和刚度，根据气缸体与油底壳安装平面的位置不同，通常把气缸体分为一般式、龙门式、隧道式三种形式，如图 3-1-5 所示。

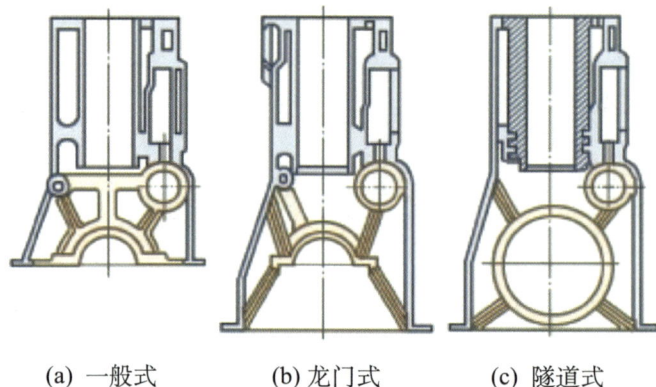

(a) 一般式　　　　　(b) 龙门式　　　　　(c) 隧道式

图 3-1-5　气缸体分类

1. 一般式气缸体

一般式气缸体的油底壳安装平面和曲轴旋转中心在同一高度。其优点是机体高度小，质量小，结构紧凑，便于加工，曲轴拆装方便；其缺点是刚度和强度较差。

2. 龙门式气缸体

龙门式气缸体的油底壳安装平面低于曲轴的旋转中心。其优点是强度和刚度都好，能承受较大的机械负荷；其缺点是工艺性较差，结构笨重，加工较困难。

3. 隧道式气缸体

隧道式气缸体曲轴的主轴承孔为整体式，采用滚动轴承，主轴承孔较大，曲轴从气缸体后部装入。其优点是结构紧凑，刚度和强度好；但其缺点是加工精度要求高，工艺性较差，曲轴拆装不方便。

为了能够使气缸内表面在高温下正常工作，必须对气缸和气缸盖进行适当冷却。冷却方法有两种：一种是水冷；另一种是风冷。水冷发动机的气缸周围和气缸盖中都加工有冷却水套，并且气缸体和气缸盖冷却水套相通，冷却水在水套内不断循环，带走部分热量，从而对气缸和气缸盖起冷却作用。

小试牛刀

1. 汽缸体除了具有足够的强度和刚度外，还应该具备 ＿＿＿＿＿＿＿＿＿＿＿＿ 的性能。

2. 请根据汽缸体不同形式的特点，查阅资料在表格中填写相应车型。

气缸体形式	应用车型
一般式气缸体	
龙门式气缸体	
隧道式气缸体	

知识点 4　整体式气缸和气缸套

气缸直接镗在气缸体上叫作整体式气缸。整体式气缸的强度和刚度都好，能承受较大的载荷，但对材料要求高，其成本也高。此外，还有一种形式是用耐磨的优质材料将气缸制造成单独的圆筒形零件，然后再装到气缸体内，这种气缸叫气缸套。采用气缸套后，气缸体可用价格较低的一般材料制造，因此降低了发动机的制造成本；同时气缸套还可以从气缸体中单独取出，便于修理和更换，因此大大延长了气缸体的使用寿命。

气缸套有干式气缸套和湿式气缸套两种，如图 3-1-6 所示。

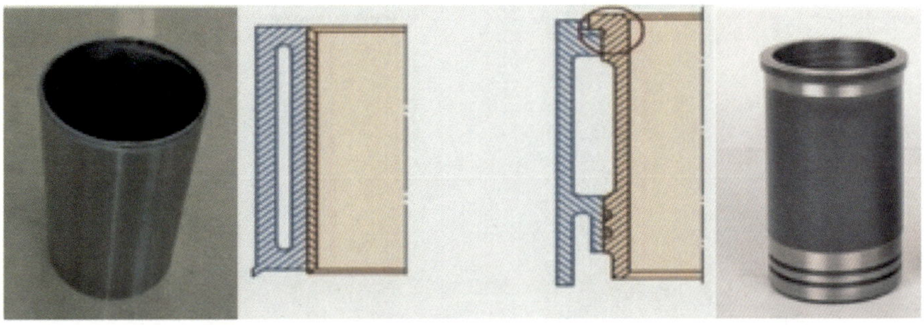

(a) 干式气缸套　　　　　　　　　　　(b) 湿式气缸套

图 3-1-6　气缸套

干式气缸套的特点是气缸套装入气缸体后，其外壁不直接与冷却水接触，而和气缸体的壁面直接接触，且壁厚较薄，一般为 1～3mm。它具有整体式气缸体强度和刚度都较好的优点，但由于气缸套的内、外表面都需要进行精加工，加工比较复杂、制造成本高，拆装不方便，散热不良。

湿式气缸套的特点是气缸套装入气缸体后，其外壁直接与冷却水接触，气缸套仅在上、下各有一圆环地带和气缸体接触，壁厚一般为 5～9mm。它散热良好，冷却均匀，加工容易，通常只需要精加工内表面，而与水接触的外表面不需要加工，拆装方便，但缺点是强度、刚度都不如干式气缸套好，而且容易产生漏水现象，必须采取一些防漏措施。

小试牛刀

气缸套应具备哪些特点？作用是什么？

_____

_____

_____

知识点 5　气缸的磨损

气缸在使用磨损后失去正确的几何形状，会影响到发动机动力性和经济性。所以在汽车修理时，一定要对气缸体的磨损进行检验，以此来判断发动机是否需要大修。

对于正常的发动机来讲，由于活塞环的自身弹性，会紧贴在气缸壁上，使得气缸的密封性非常好。但当磨损严重，则会使得活塞、活塞环与气缸套的间隙过大，影响密封性能，从而导致漏气和窜油。气缸的磨损规律如下。

1. 呈上大下小的倒锥形

如图 3-1-7 所示，气缸磨损最为严重的是上止点处。从上止点至下止点磨损程度逐渐减弱，并且在上止点以上和下止点以下由于活塞的行程达不到，故没有磨损而形成"台肩"，上止点处更为明显。造成此种形状的原因：上止点处由于紧靠燃烧室，温度比较高，润滑油膜不易建立；第一道活塞环受热膨胀量大，加剧磨损。

图 3-1-7　上大下小的倒锥形

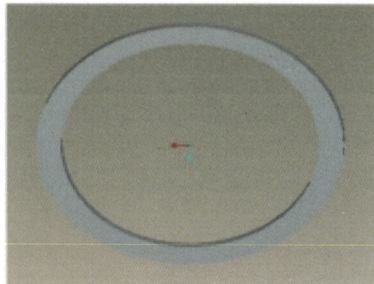

图 3-1-8　气缸截面为椭圆形

2. 气缸截面为椭圆形

如图 3-1-8 所示，磨损规律为椭圆形，且长轴方向与活塞销方向垂直。当活塞在气缸中运行做功行程时，活塞会对气缸壁造成侧压力，且向上运行时会对另一侧造成压力，长此以往，会对这两侧面长轴方向造成磨损。

3. 呈腰鼓形

如图 3-1-9 所示，在活塞上下止点的中间位置磨损最为剧烈，向两边逐渐减轻，呈腰鼓形。造成的原因：活塞在上下止点处要换向，因此在上下止点的运动速度为零，然而在中间部位的运动速度最高。我们知道两摩擦副之间的相对速度越高，则磨损更为严重；若速度为零，则可认为没有磨损。

图 3-1-9　呈腰鼓形

小试牛刀

气缸严重磨损可能是哪些原因造成的？

_____

_____

_____

_____

_____

▶▶ 课中实践

一　能力测评

请扫码完成相应的能力测评。

二　工作任务

1. 任务分组

班级		组号		指导老师	
组长		承担任务			
组员及分工	姓名	承担任务	姓名		承担任务

2. 任务实践

内容	图解	技术提要
1. 任务准备		1. 设备：科鲁兹 1.6L LDE 发动机及翻转架、零件台、工具车、维修手册 2. 工具：世达工具、指针式扭力扳手、定扭力扳手、摇把、角度规、气枪、刀口尺、塞尺、游标卡尺、千分尺、量缸表、台虎钳 3. 辅助材料：抹布、吸油纸

续表

内容	图解	技术提要
2.拆卸气缸盖螺栓	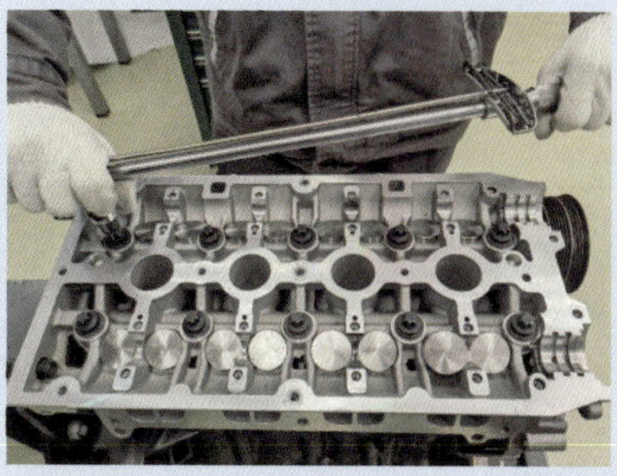	使用_____号套筒及指针式扭力扳手按图示顺序按规定角度松开10个螺栓 规定角度： 第一遍　　　　　松_____°。 第二遍　　　　　松_____°。 第三遍　　　　　拆下螺栓 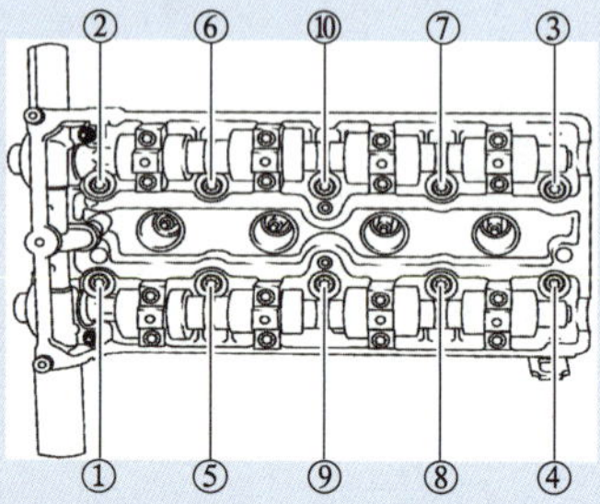
3.用一字起撬开气缸盖		1.用_____从四周敲击气缸盖，完成预松 2.用_____撬开气缸盖，取出后放置于垫块上 3._____必须包裹胶带，以防损坏气缸盖接触面
4.用一字起撬开气缸盖垫片		使用_____时必须在头部裹胶带，以防损坏气缸接触面，取出后需更换新的气缸垫
5.清洁气缸体及接触面	 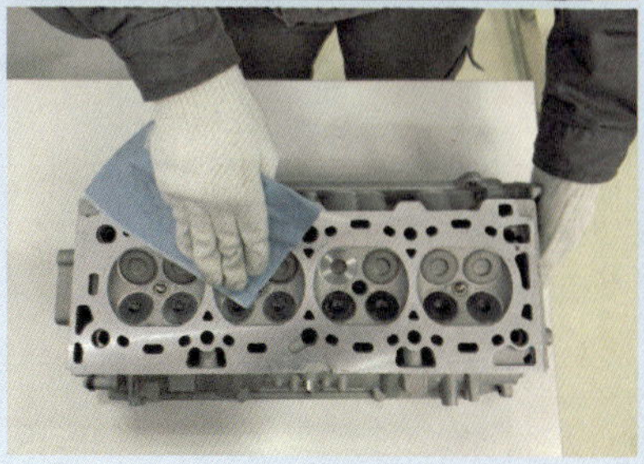	1.用_____铲气缸盖下平面和气缸体上平面，去除表面污垢 2.用_____清洁气缸盖下平面和气缸体上平面 3.气缸盖放入_____中用毛刷刷洗 4.用_____清洁气缸盖和气缸体表面及螺栓孔 5.用_____清洁4个气缸的表面，并检查气缸表面是否异常 6.清洁

内容	图解	技术提要
6.测量气缸体及气缸盖平面度		用吸油纸清洁刀口尺、塞尺及被侧面，使用塞尺和刀口尺测量气缸盖下平面和气缸体上平面，依次测量 _____、_____、_____、_____、_____ 及 _____ 共6个位置，每个位置 _____ 个点。测量前需目测检查刀口尺和接触面之间的 _____ 表格： 名称　标准 气缸平面度
7.用游标卡尺测量气缸直径		1.使用游标卡尺估读气缸的直径，每个气缸测量 _____ 和 _____ 两个方向，为量缸表测量杆的选择提供依据 2.查阅维修手册，查找科鲁兹 1.6LDE 发动机标准缸径 名称　标准 气缸直径
8.组装量缸表		1.选择合适的 _____ 和 _____，并用扳手拧紧测量杆 2.检查百分表表头、表盘活动情况，安装百分表，使表盘背面与测量杆垂直并预压 _____ mm

内容	图解	技术提要
9.千分尺校零		1.选择 _____ 量程的千分尺 2.清洁校准杆及千分尺测量头 3.将千分尺放于台虎钳中进行 _____
10.校准量缸表		1.千分尺调至 _____mm，将量缸表两端放置于千分尺测量头的中心位置 2.旋转百分表表盘，使指针对准 _____，并观察百分表小表盘指针的变化
11.气缸测量	 ① 横向 ② 纵向 前 A 10mm B C 10mm	1.测量 _____、_____、_____ 三个平面，每个平面 _____、_____ 向测量两个直径，上平面距缸口 _____mm，下平面距底部缸口 _____mm 2.测量气缸直径时，要先将定位护桥放入气缸并贴着缸壁直到表头达到待测位置，切勿磨损测量头 3.测前后摆动量缸表，当从指针从 _____ 变为 _____ 时的数值时，则为该位置气缸的 _____，将测量数据分别记录在工作页中。运用此方法分别测量其他各个气缸 | 计算值 | 计算方法 | | 圆度误差 | | | 圆柱度误差 | | 4.对测量结果判断，制定维修方案：打磨气缸、镶装或者换装缸套
12.更换新气缸垫、安装气缸盖		1.清洁和检查定位销，更换安装同型号新的 _____ 2.安装气缸盖，用 _____ 轻轻敲打四周，使气缸盖装配到位 3.清洁螺栓并检查，使用 _____ 号套筒装入 _____ 个气缸盖螺栓，由中间向两边按回字形分 _____ 遍拧紧

内容	图解	技术提要
12. 更换新气缸垫、安装气缸盖		<表格见下>
13. 5S 管理		按照技术要求完成 5S 项目

技术提要（12）:

名称	标准
第一遍	_____ N·m
第二遍	_____°
第三遍	_____°
第四遍	_____°
第五遍	_____°

3. 实施总结

评价内容	赋分	序号	具体指标	分值	得分		
					自评	组评	师评
仪容仪表	15	1	工作服、鞋、胸卡穿戴整洁	5			
		2	发型、指甲等符合工作要求	5			
		3	不佩戴首饰、钥匙、手表等	5			
学习及工作过程	60	4	准备任务	5			
		5	拆卸气缸盖螺栓	5			
		6	用一字起撬开气缸盖	5			
		7	用一字起撬开气缸盖垫片	5			
		8	清洁气缸体及接触面	5			
		9	测量气缸体及气缸盖平面度	5			
		10	用游标卡尺测量气缸直径	5			

续表

评价内容	赋分	序号	具体指标	分值	得分		
					自评	组评	师评
		11	组装量缸表	5			
		12	千分尺校零	5			
		13	校准量缸表	5			
		14	气缸测量	5			
		15	更换新气缸垫、安装气缸盖	5			
职业素养	25	16	坚持出勤，遵守规章制度	5			
		17	服从安排，积极参加组内活动	5			
		18	在规定时间完成，认真填写工单	5			
		19	节约用水、用电、用气，注意环保	5			
		20	执行 5S 工作	5			
综合得分				100			

总结反馈	团队分工与合作的方面	
	熟练掌握与运用的方面	
	需要巩固与提升的方面	
	改进措施与路径的方面	

三 学习目标达成情况

序号	学习内容（知识、技能、行为习惯、职业素养）	评价标准			
		了解知道	理解掌握	指导下操作	独立操作

课后延伸

一　理论测试

扫码完成理论测试。

二　任务实施巩固

要求：对操作过程用思维导图方法进行总结。

任务 2 活塞连杆组的拆装与检测

任务案例

通用科鲁兹品牌 4S 店的维修部接到一辆维修轿车。据称，该车由于大雨天停在低洼路面，发动机被水浸泡，车主有尝试启动车辆的情况，但多次着车后车辆仍无法启动。经维修人员初步检查，可能是发动机进水，导致活塞连杆组卡死。对于这种情况我们该怎么解决？

课前导入

同学们，为了完成本次工作任务，请在课前利用多种途径查阅资料预习相关知识点，也可扫一扫右方二维码进行课前资料学习，熟悉相关应知应会知识点，并完成下面的学习任务。

课前学习资料

知识点 1 活塞

活塞连杆组由活塞、活塞环、活塞销、连杆、连杆轴承等组成，如图 3-2-1 所示。

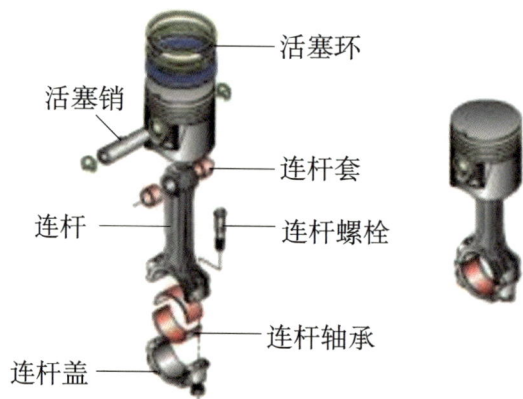

图 3-2-1 活塞连杆组

活塞的功用是承受气体压力，并通过活塞销传给连杆驱使曲轴旋转，此外活塞顶部还是燃烧室的组成部分。

活塞可分为活塞顶部、活塞头部和活塞裙部三部分。

活塞在高温、高压、高速、润滑不良的条件下工作，且直接与高温气体接触，瞬时温度可达 2500K 以上，因此，受热严重，而散热条件又很差。因此要求组成活塞的材料要有足够的刚度和强度；导热性能好；耐高压、耐高温、耐磨损；质量小。活塞一般都采用高强度铝合金，但在一些低速柴油机上也采用高级铸铁或耐热钢。

1. 活塞顶部

如图 3-2-2 所示，活塞顶部承受气体压力，也是燃烧室的组成部分，其形状、大小都和燃烧室的具体形式有关。按其顶部形状可分为平顶活塞、凸顶活塞、凹顶活塞三大类。

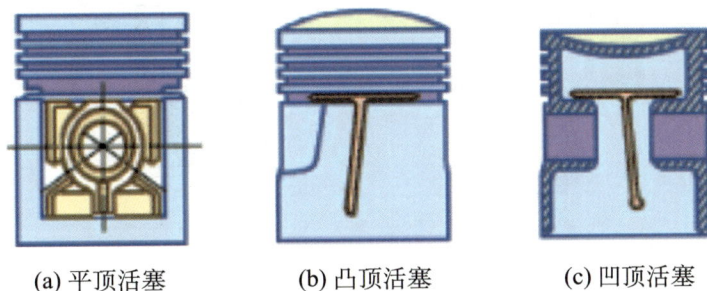

(a) 平顶活塞　　　　　　(b) 凸顶活塞　　　　　　(c) 凹顶活塞

图 3-2-2　活塞顶部分类

平顶活塞顶部是一个平面，结构简单，制造容易，受热面积小，顶部受力分布较为均匀，一般用在汽油机上，柴油机很少采用。

凸顶活塞顶部凸起呈球冠形，二冲程汽油机常采用凸顶活塞，有利于改善换气过程。

凹顶活塞顶部呈凹陷形，凹坑的形状和位置有利于可燃混合气的形成和燃烧，主要用于柴油机，有双涡流凹坑、球形凹坑、U 形凹坑等。

2. 活塞头部

活塞头部指第一道活塞环槽到活塞销孔以上部分。它有数道环槽，用以安装活塞环，起密封作用，又称为防漏部。柴油机压缩比高，一般有 4 道环槽，上部 3 道安装气环，下部 1 道安装油环。汽油机一般有 3 道环槽，其中有 2 道气环槽和 1 道油环槽。此外，在油环槽底面上钻有许多径向小孔，能使被油环从气缸壁上刮下的机油经过这些小孔流回油底壳。

活塞顶部吸收的热量主要是由防漏部的活塞环传给气缸壁，再由冷却水传出去。活塞头部除了用来安装活塞环外，还有密封和传热作用。

3. 活塞裙部

活塞裙部指从油环槽下端面起至活塞最下端的部分，它包括装活塞销的销座孔。活塞裙部对活塞在气缸内的往复运动起导向作用，并承受侧压力。裙部的长短取决于侧压力的大小和活塞直径。所谓侧压力是指在压缩行程和做功行程中，作用在活塞顶部的气体压力的水平分力，它使活塞压向气缸壁。在压缩行程和做功行程中，气体的侧压力方向正好相反，由于燃烧压力大大高于压缩压力，所以，做功行程中的侧压力也大大高于压缩行程中的侧压力。如图 3-2-3 所示，活塞裙部承受侧压力的两个侧面称为推力面，它们处于与活塞销轴线相垂直的方向上。

4. 活塞的结构特点

（1）横截面呈椭圆形：为了使裙部两侧承受气体压力并与气缸保持小而安全的间隙，要求活塞在工作时具有正确的圆柱形。但是，由于活塞裙部的厚度很不均匀，活塞销座孔部分的金属厚，受热膨胀量大，沿活塞销座轴线方向的变形量大于其他方向。另外，裙部承受气体侧压力的作用，导致沿活塞销轴向变形量较垂直活塞销方向变形量大，如图 3-2-4（a）所示。这样，如果活塞在冷态时裙部为圆形，那么工作时活塞就会变成椭圆形，使活塞与气缸之间圆周间隙不相等，造成活塞在气缸内卡住，发动机就无法正常工作。因此，在加工时预先把活塞裙部做成椭圆形状，如图 3-2-4（b）所示。椭圆的长轴方向与销座垂直，短轴方向沿销座方向，这样活塞工作时趋近正圆。

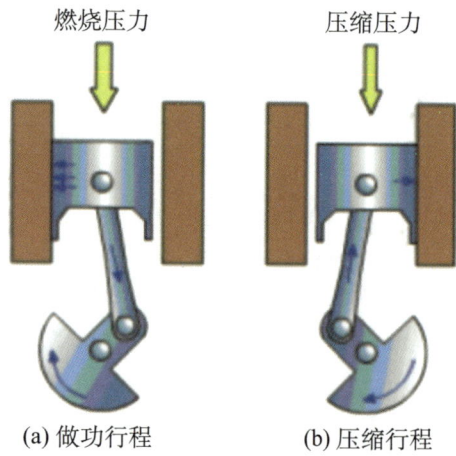

(a) 做功行程　　　　(b) 压缩行程

图 3-2-3　活塞裙部侧压力

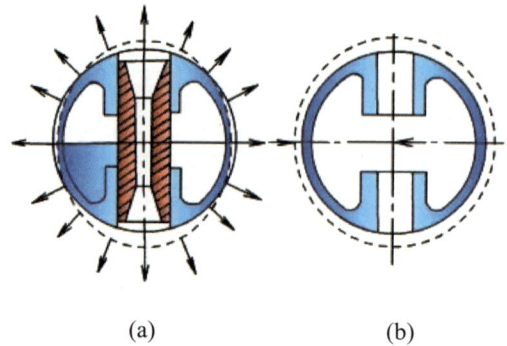

(a)　　　　(b)

图 3-2-4　活塞形状

（2）纵向呈阶梯形、锥形：活塞沿高度方向的温度很不均匀，活塞的温度是上部高、下部低，膨胀量也相应是上部大、下部小。为了使工作时活塞上下直径趋于相等，即为圆柱形，就必须预先把活塞制成上小下大的阶梯形、锥形，如图 3-2-5 所示。

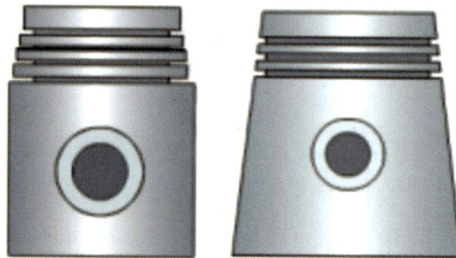

图 3-2-5　阶梯形活塞和锥形活塞

（3）活塞裙部开槽：为了减小活塞裙部的受热量，通常在裙部开横向的隔热槽；为了补偿裙部受热后的变形量，裙部开有纵向的膨胀槽。槽的形状有 "Π" 形或 "T" 形槽，如图 3-2-6 所示。横槽一般开在最下一道环槽的下面，裙部上边缘销座的两侧（也有开在油环槽之中的），以减小头部热量向裙部传递，故称为隔热槽。竖槽会使裙部具有一定的弹性，从而使活塞装配时与气缸间具有尽可能小的间隙，而在热态时又具有补偿作用，不致造成活塞在气缸中卡死，故将竖槽称为膨胀槽。裙部开竖槽后，会使其开槽的一侧刚度变小，在装配时应使其位于做功行程中承受侧压力较小的一侧。柴油机活塞受力大，裙部一般不开槽。

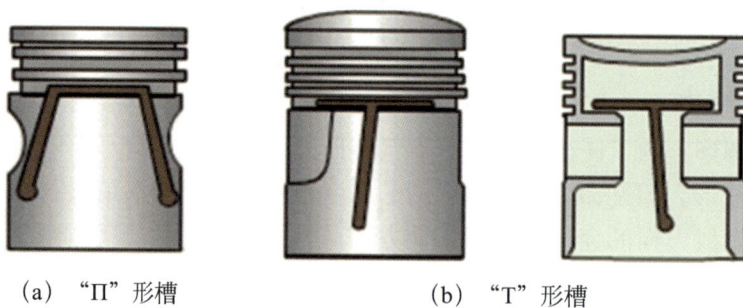

（a）"Π" 形槽　　　　（b）"T" 形槽

图 3-2-6　活塞裙部开槽

（4）有些活塞为了减重，在裙部开孔或把裙部不受侧压力的两边切去一部分，以减小惯性力，减小销座附近的热变形量，形成拖板式活塞或短活塞。拖板式结构裙部弹性好，质量小，活塞与气缸的配合间隙较小，适用于高速发动机，如图 3-2-7 所示。

（5）为了减小铝合金活塞裙部的热膨胀量，有些汽油机活塞在活塞裙部或销座内嵌入钢片，如图 3-2-8 所示。恒范钢片式活塞的结构特点是，由于恒范钢为含镍 33%～36% 的低碳铁镍合金，其膨胀系数仅为铝合金的 1/10，而销座通过恒范钢片与裙部相连，牵制了裙部的热膨胀变形量。

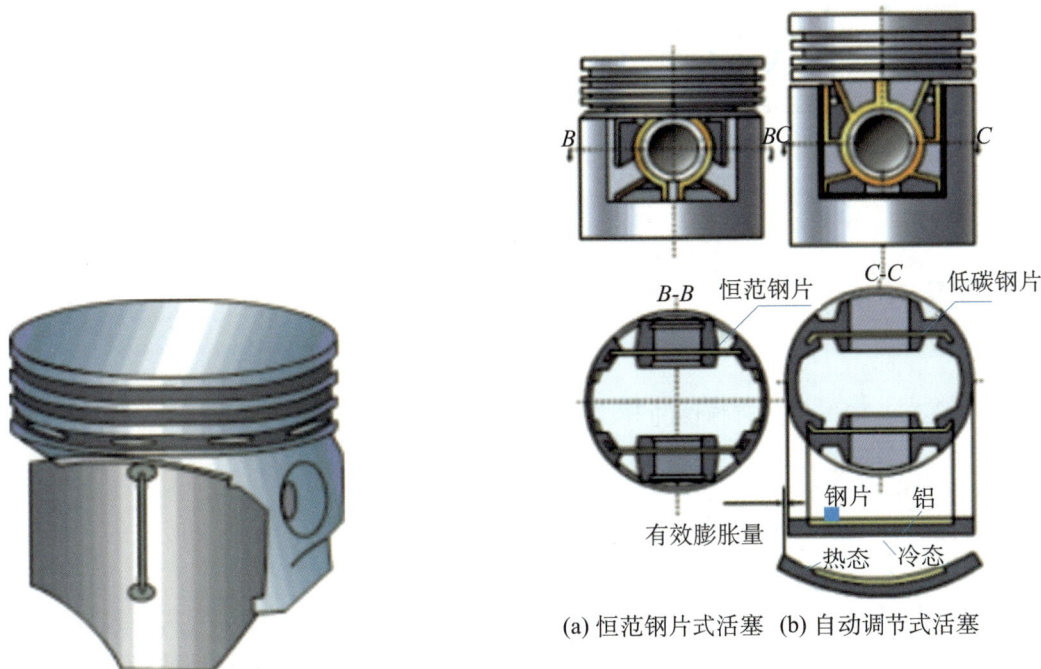

图 3-2-7　拖板式活塞

(a) 恒范钢片式活塞　(b) 自动调节式活塞

图 3-2-8　双金属活塞

（6）有的汽油机上，活塞销孔中心线是偏离活塞中心线平面的，向做功行程中受主侧压力的一方偏移了 1～2mm，如图 3-2-9 所示，这种结构可使活塞在从压缩行程到做功行程中较为柔和地从压向气缸的一面过渡到压向气缸的另一面，以减小敲缸的声音。在安装时，这种活塞销偏置的方向不能装反，否则换向敲击力会增大，使裙部受损。

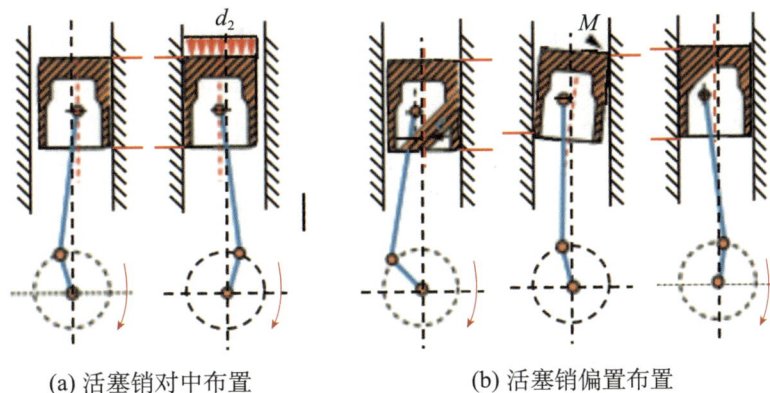

(a) 活塞销对中布置　　　　　(b) 活塞销偏置布置

图 3-2-9　活塞销布置

发动机在车辆运行中，部分出现活塞敲缸异响。活塞敲缸异响发生的位置在气缸的上部，是一种类似用小锤敲击水泥地面的有节奏的"嗒嗒"声。发动机在怠速运转时，声音明显且清晰。特别是当发动机在低温运转时，声音明显，温度升高以后，响声减少以至消失。

小试牛刀

活塞敲缸的判断方法有哪些？产生敲缸主要原因有哪些？如何处理？

_____

_____

_____

_____

知识点 2　活塞环

活塞环（见图 3-2-10）是具有弹性的开口环，有气环和油环之分。

1. 气环

气环的作用是保证气缸与活塞间的密封性，防止漏气，并且要把活塞顶部吸收的大部分热量传给气缸壁，由冷却水带走。

气环是一个有开口的弹性圆环，在自由状态下外径大于气缸直径，它与活塞一起装入气缸后，外圆柱面紧贴在气缸壁上，形成密封面（见图 3-2-11），气环密封效果一般与气环数量有关，汽油机一般采用 2 道气环，柴油机一般多采用 3 道气环。

图 3-2-10　活塞环

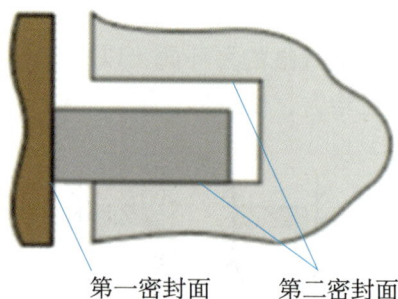

图 3-2-11　气环密封面

气环的断面形状很多，最常见的有矩形环、扭曲环、锥面环、梯形环和桶面环。

（1）矩形环断面为矩形（见图 3-2-12），其结构简单，制造方便，易于生产，应用最广。但是矩形环随活塞往复运动时，会把气缸壁面上的机油不断送入气缸中，导致机油进入燃烧室，在燃烧室内形成积炭，为了减少这种现象的影响，采用矩形环和扭曲环配合使用的方法。

（2）扭曲环（见图 3-2-13）是在矩形环的内圆上边缘或外圆下边缘切去一部分，使断面呈不对称形状，在环的内圆部分切槽或倒角的称内切环，在环的外圆部分切槽或倒角的称外切环。装入气缸后，由于断面不对称，产生不平衡力的作用，使活塞环发生扭曲变形。活塞上行时，扭曲环在残余油膜上浮过，可以减小摩擦，减小磨损。活塞下行时，则有刮油效果，能避免机油烧掉。目前被广泛地应用于第 2 道活塞环槽上，安装时必须注意断面形状和方向，内切口朝上，外切口朝下，不能装反。

图 3-2-12　矩形环断面　　　　　　　　图 3-2-13　扭曲环断面

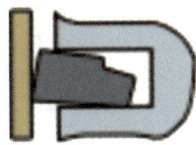

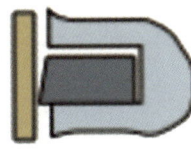

（3）锥面环断面呈锥形（见图 3-2-14），外圆工作面上加工一个很小的锥面（0.5°～1.5°），减小了环与气缸壁的接触面，提高了表面接触压力，有利于磨合和密封。活塞下行时，便于刮油；活塞上行时，由于锥面的"油楔"作用，能在油膜上"漂浮"过去，从而减小磨损。安装时，不能装反，否则会引起机油上窜。

（4）梯形环断面呈梯形（见图 3-2-15），工作时，梯形环在压缩行程和做功行程随着活塞受侧压力的方向不同而不断地改变位置，这样会把沉积在环槽中的积炭挤出去，避免了环被粘在环槽中而折断的情况，可以延长环的使用寿命。但是主要缺点是加工困难，精度要求高。

（5）桶面环的外圆为凸圆弧形（见图 3-2-16），是近年来兴起的一种新型结构。当桶面环上下运动时。均能与气缸壁形成楔形空间，使机油容易进入摩擦面，减小磨损。由于它与气缸呈圆弧接触，故对气缸表面的适应性和对活塞偏摆的适应性均较好，有利于密封，但凸圆弧表面加工较困难。

图 3-2-14　锥面环断面　　　　图 3-2-15　梯形环断面　　　　图 3-2-16　桶面环断面

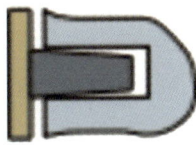

2. 油环

油环有普通油环和组合油环两种，如图 3-2-17 所示。

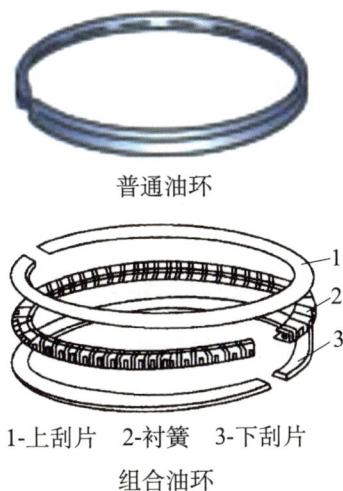

普通油环

1-上刮片　2-衬簧　3-下刮片

组合油环

图 3-2-17　油环

（1）普通油环又叫整体式油环。环的外圆柱面中间加工有凹槽，槽中钻有小孔或开切槽，当活塞向下运动时，将气缸壁上多余的机油刮下，通过小孔或切槽流回曲轴箱；当活塞上行时，刮下的机油仍通过回油孔流回曲轴箱。

（2）组合油环由上下刮片与衬簧组成，这种油环的接触压力高，对气缸壁面适应性好，而且回油通路大，质量小，刮油效果明显。近年来汽车发动机上越来越多地采用了组合油环。它的缺点主要是制造成本高。

小试牛刀

活塞环安装时有哪些注意事项？

_____

_____

_____

_____

_____

_____

知识点 3　活塞销

活塞销的功用是连接活塞和连杆小头，并把活塞承受的气体压力传给连杆。

活塞销在高温下周期性地承受很大的冲击载荷，其本身又作摆转运动，而且在润滑条件很差的情况下工作。因此，要求活塞销具有足够的强度和刚度，表面韧性好，耐磨性好，质量小。所以活塞销一般都做成空心圆柱体，采用低碳钢和低碳合金钢，外表面经渗碳淬火处理以提高硬度，精加工后进行磨光，有较高的尺寸精度和较低的表面粗糙度。

活塞销的内孔有三种形状：圆柱形、两段截锥与一段圆柱组合形、两段截锥形，如图3-2-18所示。

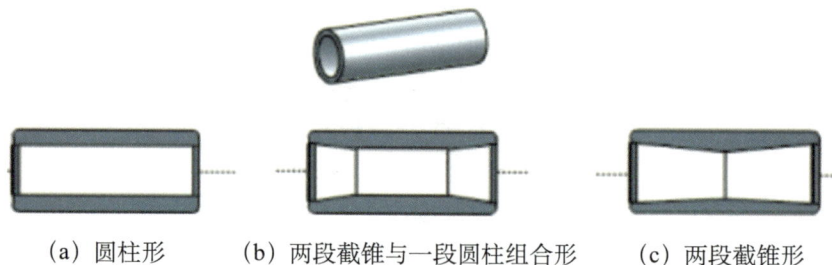

(a) 圆柱形　　　(b) 两段截锥与一段圆柱组合形　　　(c) 两段截锥形

图 3-2-18　活塞销

圆柱形孔结构简单，加工容易，但从受力角度分析，中间部分应力最大，两端较小，所以这种结构质量较大，往复惯性力大。为了减小质量，减小往复惯性力，活塞销做成两段截锥形孔，接近等强度梁，但孔的加工较复杂；组合形孔的结构介于两者之间。

活塞销与活塞销座孔及连杆小头衬套孔的连接配合有两种方式："全浮式"安装和"半浮式"安装，如图 3-2-19 所示。

（1）"全浮式"安装：当发动机工作时，活塞销、连杆小头和活塞销座都有相对运动，这样，活塞销能在连杆小头衬套和活塞销座中自由摆动，使磨损均匀。为了防止全浮式活塞销轴向窜动刮伤气缸壁，在活塞销两端装有挡圈，进行轴向定位。由于活塞是铝活塞，而活塞销采用钢材料，铝比钢热膨胀系数大。为了保证高温工作时活塞销与活塞销座孔为过渡配合，装配时，先把铝活塞加热到一定程度，然后再把活塞销装入，这种安装方式应用较广泛。

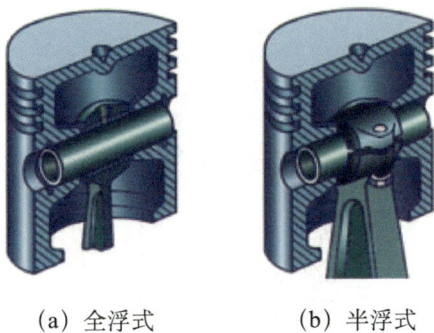

(a) 全浮式　　　　(b) 半浮式

图 3-2-19 活塞销的连接方式

（2）"半浮式"安装：其特点是活塞中部与连杆小头采用紧固螺栓连接，活塞销只能在两端销座内作自由摆动，而和连杆小头没有相对运动，活塞销不会作轴向窜动，故不需要锁片。这种安装方式小轿车上应用较多。

小试牛刀

发生活塞销异响的原因主要有哪些？有哪些处理措施？

_____

_____

_____

_____

_____

知识点 4 连杆

（1）功用：将活塞的力传给曲轴，变活塞的往复运动为曲轴的旋转运动。
（2）组成：连杆组由连杆体、连杆盖、连杆螺栓和连杆轴瓦等组成（见图 3-2-20）。

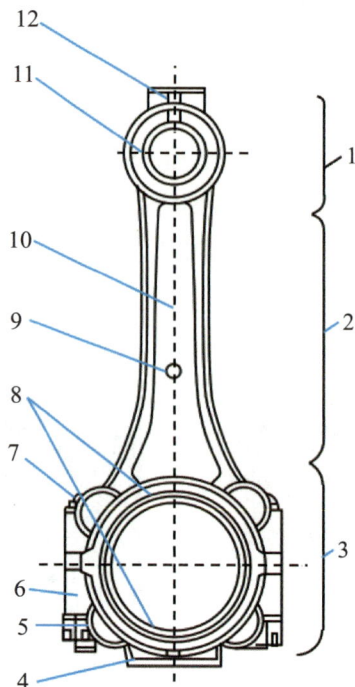

图 3-2-20 连杆组

1—小头；2—杆身；3—大头；4、9—装配记号（朝前）；5—螺母；6—连杆盖；7—连杆螺栓；8—轴瓦；10—连杆体；11—衬套；12—集油孔。

（3）构造：小头用来安装活塞销，以连接活塞。杆身常做成"工"字形断面。大头与曲轴的连杆轴颈相连。大头一般做成分开式，即连杆体大头和连杆盖。有的连杆的大头面对气缸主承压面的一侧，钻一喷油孔（1～1.5mm），以润滑气缸主承压面。

切口形式有平切口和斜切口两种（见图 3-2-21）。

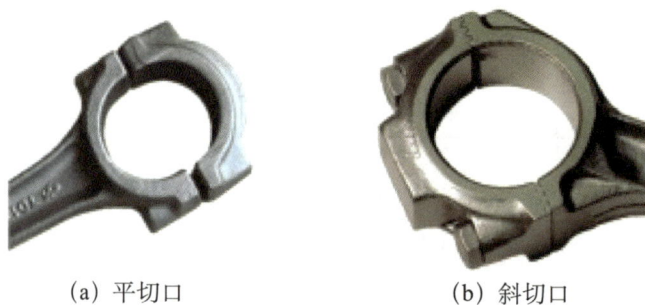

(a) 平切口   (b) 斜切口

图 3-2-21 切口形式

①平切口。结合面与连杆轴线垂直。这种剖分形式刚度大，变形小，加工简单，成本低，多应用于汽油机。

②斜切口。柴油机的曲柄销直径较大，所以连杆大头的尺寸相应较大，要使拆卸时能从气缸上段取出连杆体，必须采用斜切口结合面与连杆轴线成 30°～60° 夹角，而且要有一定形式的定位机构。

定位方式有止口定位、销套定位、锯齿形定位和平切口连杆螺栓定位四种（见图 3-2-22）。

①止口定位：便于两个工件定位，在一个工件上加工出凸台，另一个加工出凹坑，这个凸台和凹坑就叫止口，用于斜切口连杆定位。

②销套定位：依靠销或套与连杆体（或盖）的孔紧密配合定位，用于斜切口连杆定位。

③锯齿形定位：依靠接合面的齿形定位，用于斜切口连杆定位。

④平切口连杆螺栓定位：靠连杆螺栓的光圆柱部分与螺栓孔的配合来定位，用于平切口连杆定位。

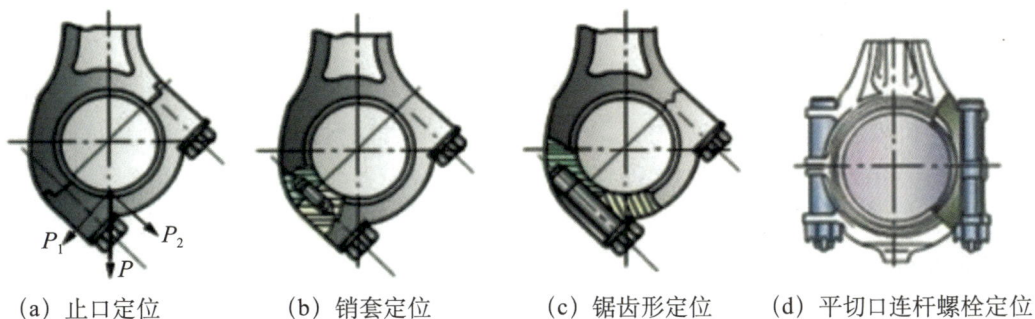

（a）止口定位　　　（b）销套定位　　　（c）锯齿形定位　　　（d）平切口连杆螺栓定位

图 3-2-22　定位方式

小试牛刀

连杆运行过程中的常见故障有哪些?

_____

_____

_____

_____

_____

_____

知识点 5　连杆轴承

连杆轴承俗称小瓦，如图 3-2-23 所示。

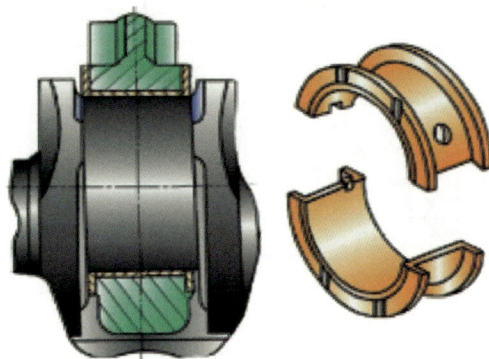

图 3-2-23　连杆轴承（小瓦）

（1）作用：保护连杆轴颈及连杆大头孔。

（2）组成：由钢背和减磨层组成。钢背由 1～3mm 的低碳钢制成。减磨层采用 0.3～0.7mm 的减磨合金，层质较软能保护轴颈。

（3）减磨层材料有以下几种。

①白合金（巴氏合金）：减磨性能好，但机械强度低，且耐热性差。常用于负荷不大的汽油机。

②铜铅合金：机械强度高，承载能力大，耐热性好，但其减磨性能差。多用于高负荷的柴油机。

③铝基合金：有铝锑镁合金、低锡铝合金和高锡铝合金三种。铝锑镁合金和低锡铝合金机械性能好，负载能力强，但其减磨性能差，主要用于柴油机；高锡铝合金具有较好的机械性能和减磨性能，广泛应用于柴油机和汽油机。

小试牛刀

1. 轴瓦上小孔的作用：＿＿＿＿＿＿＿＿＿＿＿＿＿＿＿＿＿＿＿＿＿＿＿＿＿＿＿＿＿＿

2. 轴瓦两侧翻边的作用：＿＿＿＿＿＿＿＿＿＿＿＿＿＿＿＿＿＿＿＿＿＿＿＿＿＿＿＿

课中实践

一　能力测评

请扫码完成相应的能力测评。

二　工作任务

1. 任务分组

班级		组号		指导老师	
组长		承担任务			
组员及分工	姓名	承担任务	姓名	承担任务	

2. 任务实践

作业内容	图片	技术提要
1. 任务准备		1. 设备：科鲁兹 1.6L LDE 发动机及翻转架、零件台、工具车、维修手册 2. 工具：世达工具、指针式扭力扳手、定扭力扳手、摇把、角度规、橡皮锤、拆活塞环专用工具、装活塞环专用工具、气枪、塞尺 3. 辅助材料：抹布、吸油纸、记号笔、化油器清洗剂、机油壶
2. 拆卸油底壳		使用 _____ 号套筒及适当的工具由两边向中间拆下 _____ 个油底壳螺栓
3. 安装曲轴扭转减震器螺栓		使用 _____ 号套筒及适当的工具安装曲轴扭转减震器螺栓，拧紧即可
4. 转动曲轴使 1、4 气缸活塞位于下止点		沿发动机旋转的方向将活塞 1 和 4 设置到 _____
5. 标记气缸 1 和 4 连杆及连杆轴承盖		注意气缸顺序，标记气缸 1 和 4 带连杆轴承盖的连杆

续表

作业内容	图片	技术提要
6. 拆下气缸1和4的4个连杆轴承盖螺栓		使用 _____ 号套筒及适当的工具拆卸连杆轴承盖螺栓，按顺序摆放整齐
7. 将活塞从1和4气缸中推出		使用 _____ 将活塞从气缸中推出，用手接住，防止掉落损坏活塞
8. 将曲轴转动180°		使用 _____ 号套筒及适当的工具沿发动机旋转的方向在曲轴扭转减振器上将曲轴转动 _____
9. 标记气缸2和4连杆及连杆轴承盖		注意气缸顺序，标记气缸1和4带连杆轴承盖的连杆

续表

作业内容	图片	技术提要
10. 用同样的方法拆卸气缸 2 和 3 活塞		按顺序摆放 4 个活塞连杆及连杆轴承盖
11. 清洁，并检查活塞连杆组		1. 取出 _____ 个轴承盖螺栓，摆放到对应的活塞处 2. 拆卸轴承，用手从定位槽中推出，摆放到对应的活塞处 3. 用吸油纸清洁连杆螺栓、上下轴承及连杆大头轴承接触面 4. 目视检查轴承盖螺栓、轴承、轴承盖、连杆、活塞等，将有异常损坏件记录并更换
12. 拆下活塞环		1. 用 _____ 取出第一、二道油环 2. 用 _____ 取出第三道组合油环

作业内容	图片	技术提要
13. 清洁活塞		1. 有吸油纸清洁活塞头部 2. 用合适的工具清洁活塞头部积碳 3. 用压缩空气吹净活塞连杆
14. 清洁气缸		使用化清剂和吸油纸清洁所测气缸表面，确保待测气缸无污垢
15. 装入活塞环		在气缸内张紧活塞环，用活塞将其推到气缸中，位于活塞上止点时该活塞环所处的位置
16. 测量活塞环端隙		1. 使用塞尺测量活塞环端隙 2. 更换不合格的活塞环

对于作业16的技术提要中的表格：

位置	允许的环端隙
矩形压缩环 1	
锥形压缩环 2	
刮油环 3	

作业内容	图片	技术提要
17.测量活塞环的侧隙		1.使用塞尺测量活塞环侧隙,每隔_____°测一次,共_____次 表格见下 2.更换不合格的活塞环
18.安装活塞环		1.用手装入第三道组合油环,并使"_____"朝上 2.用卡簧钳装入第一、二道油环,并使"_____"朝上
19.调整活塞环,并润滑		设置活塞环间隙 表格见下 注意:注意活塞相对于连杆的安装位置,需错开活塞销孔
20.安装轴承		1.用_____沿定位槽方向推入轴承 2.轴承背面与轴承盖接触面不能有_____
21.润滑轴承及活塞销		在轴承及活塞销表面涂抹润滑油,并用手涂抹均匀

第17项技术提要表格:

位置	允许的侧隙
矩形压缩环1	
锥形压缩环2	
刮油环3	

第19项技术提要表格:

位置	名称
1	
2	
3	
4	
5	

作业内容	图片	技术提要
22. 润滑气缸表面		在 4 个气缸表面均匀涂抹润滑油，注油时油枪不能磕碰到气缸表面
23. 安装活塞		1. 活塞头部的箭头，需指向前端盖方向 2. 用活塞安装工具紧固后，用橡胶棒轻轻将活塞推入气缸
24. 安装连杆轴承盖		1. 在曲轴连杆轴径处涂抹润滑油 2. 使用 E12 号套筒及适当的工具依次安装 4 个连杆轴承盖 3. 使用定扭力扳手及 EN-45059 仪表安装新的连杆螺栓 名称 / 标准 第一遍 _____ N·m 第二遍 _____ ° 第三遍 _____ °
25. 旋转曲轴，检查活塞运动状况		使用 _____ 号套筒及适当的工具沿发动机旋转的方向转动曲轴，检查活塞运动状况
26. 安装油底壳		使用 _____ 号套筒及适当的工具由中间向两边安装 15 个油底壳螺栓 名称 / 标准 油底壳螺栓 / _____ N·m
27. 5S 管理		按照技术要求完成 5S 项目

3. 实施总结

评价内容	赋分	序号	具体指标	分值	得分		
					自评	组评	师评
仪容仪表	15	1	工作服、鞋、胸卡穿戴整洁	5			
		2	发型、指甲等符合工作要求	5			
		3	不佩戴首饰、钥匙、手表等	5			
学习及工作过程	60	4	准备任务	2			
		5	拆卸油底壳	2			
		6	安装曲轴扭转减震器螺栓	2			
		7	转动曲轴使 1、4 气缸活塞位于下止点	2			
		8	标记气缸 1 和 4 连杆及连杆轴承盖	2			
		9	拆下气缸 1 和 4 的 4 个连杆轴承盖螺栓	2			
		10	将活塞从 1 和 4 气缸中推出	2			
		11	将曲轴转动 180°	2			
		12	标记气缸 2 和 4 连杆及连杆轴承盖	2			
		13	用同样的方法拆卸气缸 2 和 3 活塞	2			
		14	清洁，并检查活塞连杆组	2			
		15	拆下活塞环	2			
		16	清洁活塞	2			
		17	清洁气缸	2			
		18	装入活塞环	2			
		19	测量活塞环端隙	4			
		20	测量活塞环的侧隙	4			
		21	安装活塞环	2			
		22	调整活塞环，并润滑	2			
		23	安装轴承	2			
		24	润滑轴承及活塞销	2			
		25	润滑气缸表面	2			
		26	安装活塞	4			
		27	安装连杆轴承盖	2			
		28	旋转曲轴，检查活塞运动状况	4			
		29	安装油底壳	2			
职业素养	25	30	坚持出勤，遵守规章制度	5			
		31	服从安排，积极参加组内活动	5			
		32	在规定时间完成，认真填写工单	5			
		33	节约用水、用电、用气，注意环保	5			
		34	执行 5S 工作	5			
综合得分				100			

续表

评价内容	赋分	序号	具体指标	分值	得分		
					自评	组评	师评
总结反馈			团队分工与合作的方面				
			熟练掌握与运用的方面				
			需要巩固与提升的方面				
			改进措施与路径的方面				

三 学习目标达成情况

序号	学习内容（知识、技能、行为习惯、职业素养）	评价标准			
		了解知道	理解掌握	指导下操作	独立操作

课后延伸

一 理论测试

扫码完成理论测试。

二 任务实施巩固

要求：对操作过程用思维导图方法进行总结。

任务 3　曲轴飞轮组的拆装与检测

任务案例

通用科鲁兹品牌 4S 店的维修部接到一辆维修轿车。据称，该车年限比较长，长时间未做保养，发动机有漏机油的现象，但没有及时处理，且车辆出现无法正常启动的现象。经检查，维修人员怀疑该车可能由于润滑油严重缺少，导致曲轴轴瓦"抱死"的故障。对于这种情况我们该怎么解决？

课前导入

同学们，为了完成本次工作任务，请在课前利用多种途径查阅资料预习相关知识点，也可扫一扫右方二维码进行课前资料学习，熟悉相关应知应会知识点，并完成下面的学习任务。

课前学习资料

知识点 1　曲轴

曲轴飞轮组主要由曲轴、飞轮和一些附件组成，如图 3-3-1 所示。其作用是把活塞的往复运动转变为曲轴的旋转运动，为汽车的行驶和其他需要动力的机构输出转矩。同时还储存能量，用以克服非做功行程的阻力，使发动机运转平稳。

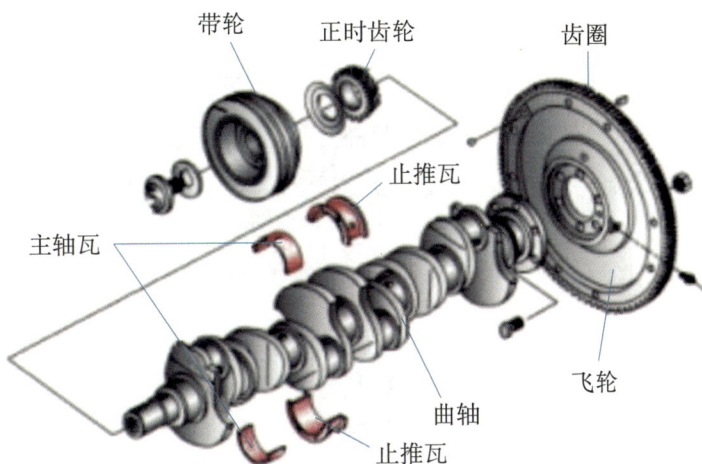

图 3-3-1　曲轴飞轮组

曲轴是发动机最重要的机件之一。它与连杆配合将作用在活塞上的气体压力变为旋转的动力，传给底盘的传动机构。同时，驱动配气机构和其他辅助装置，如风扇、水泵、发电机等。

工作时，曲轴承受连杆的压力、惯性力及惯性力矩的作用，受力大而且受力复杂，并且承受交变负荷的冲击作用。同时，曲轴又是高速旋转件，因此，要求曲轴具有足够的刚度和强度，具有良好的承受冲击载荷的能力，耐磨损且润滑良好。

曲轴一般由主轴颈、连杆轴颈、曲柄、平衡块、前端和后端等组成，如图 3-3-2 所示。一个主轴颈、一个连杆轴颈和一个曲柄组成了一个曲拐，曲轴的曲拐数目等于气缸数（直列式发动机）；V 型发动机曲轴的曲拐数等于气缸数的一半。

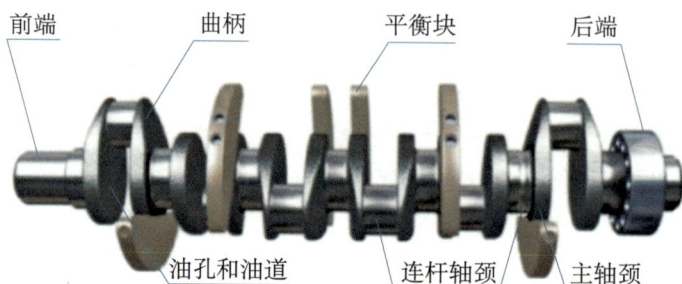

图 3-3-2 曲轴的组成

主轴颈是曲轴的支承部分，通过主轴承支承在曲轴箱的主轴承座中。曲轴的支承方式一般有两种：一种是全支承曲轴，另一种是非全支承曲轴。

（1）全支承曲轴：曲轴的主轴颈数比气缸数目多一个，即每一个连杆轴颈两边都有一个主轴颈，如图 3-3-3（a）所示。这种支承，曲轴的强度和刚度都比较好，并且减轻了主轴承载荷，减小了磨损。

（2）非全支承曲轴：曲轴的主轴颈数比气缸数目少或与气缸数目相等，如图 3-3-3（b）所示。这种支承方式叫非全支承曲轴，这种支承的主轴承载荷较大，缩短了曲轴的总长度，使发动机的总体长度有所减小。

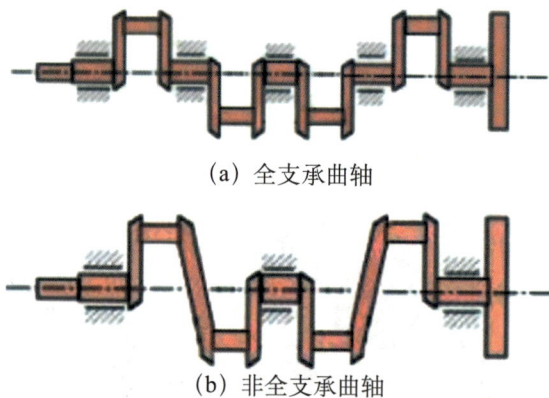

（a）全支承曲轴

（b）非全支承曲轴

图 3-3-3 曲轴的支承方式

曲轴的连杆轴颈是曲轴与连杆的连接部分，通过曲柄与主轴颈相连，在连接处用圆弧过渡，以减少应力集中。直列发动机的连杆轴颈数目和气缸数相等。V 型发动机的连杆轴颈数等于气缸数的一半。

曲柄是主轴颈和连杆轴颈的连接部分，断面为椭圆形，曲柄处铸有（或紧固有）平衡块。

曲轴前端装有正时齿轮，驱动风扇和水泵的带轮以及起动爪等。为了防止机油沿曲轴轴颈外漏，在曲轴前端装有一个甩油盘，在齿轮室盖上装有油封。曲轴的后端用来安装飞轮，在后轴颈与飞轮凸缘之间制成挡油凸缘与回油螺纹，以阻止机油向后窜漏。

曲轴的形状和各曲拐的相对位置（即曲拐的布置），取决于气缸数、气缸排列方式（单列或 V 型等）和发火次序（即各气缸的做功行程交替次序）。在安排多缸发动机的发火次序时，应注意使连续做功的两缸相距尽可能远，以减轻主轴承的载荷，同时避免可能发生的进气重叠现象（即相邻两缸进气门同时开启）以免影响充气；做功间隔应力求均匀，即在发动机完成一个工作循环的曲轴转角内，每个气缸都应做功一次，而且各缸发火的间隔时间（以曲轴转角表示，称为发火间隔角）应力求均匀。对缸数为 i 的四冲程发动机而言，发火间隔角为 $720°/i$，即曲轴每转 $720°/i$ 时，就应有一缸做功，以保证发动机运转平稳。

几种常用的多缸发动机曲拐布置见图 3-3-4。

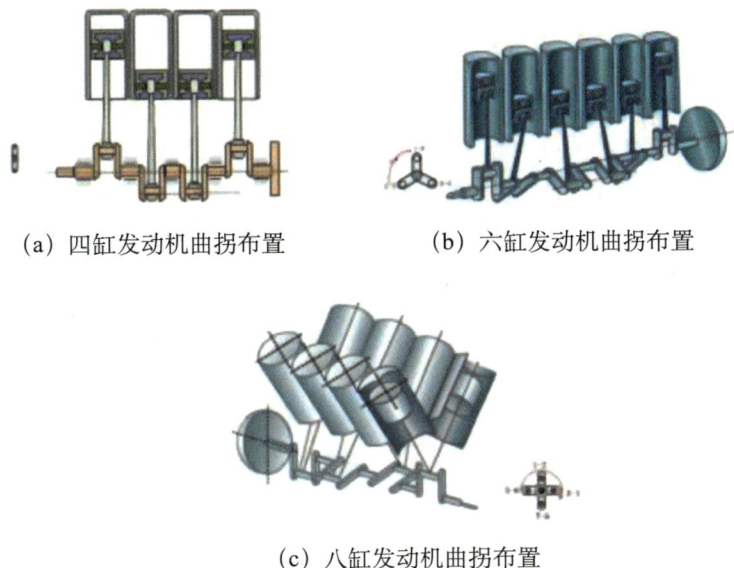

(a) 四缸发动机曲拐布置　　　　(b) 六缸发动机曲拐布置

(c) 八缸发动机曲拐布置

图 3-3-4　常见的曲拐布置形式

小试牛刀

请完成下列表格中多缸发动机发火间隔角、曲拐布置和发火次序。

类型	发火间隔角	曲拐布置	发火次序
直列四缸			
直列六缸			
V 型八缸			

知识点 2　飞轮

如图 3-3-5 所示，飞轮的主要功用是用来贮存做功行程的能量，用于克服进气、压缩和排气行程的阻力和其他阻力，使曲轴能均匀地旋转。飞轮外缘压有的齿圈与启动电机的驱动齿轮啮合，供启动发动机用。汽车离合器也装在飞轮上，用来对外传递动力。

飞轮是高速旋转件，因此，要进行精确平衡校准，平衡性能要好，要达到静平衡和动平衡。飞轮是一个很重的铸铁圆盘，用螺栓固定在曲轴后端的接盘上，具有很大的转动惯量。飞轮轮缘上镶有齿圈，齿圈与飞轮紧密配合，有一定的过盈量。

图 3-3-5　飞轮

在飞轮轮缘上作有记号（刻线或销孔）供找压缩上止点用（四缸发动机为 1 缸或 4 缸压缩上止点；六缸发动机为 1 缸或 6 缸压缩上止点）。当飞轮上的记号与外壳上的记号对正时，正好是压缩上止点。

飞轮与曲轴在制造时一起进行过动平衡实验，在拆装时为了不破坏它们之间的平衡关系，飞轮与曲轴之间应有严格不变的相对位置。通常用定位销和不对称布置的螺栓来定位。

小试牛刀

1. 飞轮的安装位置：_____

2. 飞轮外缘齿圈的作用：_____

拓展知识

平衡轴其实就是一个装有偏心重块并随曲轴同步旋转的轴，利用偏心重块所产生的反向振动力，使发动机获得良好的平衡效果，降低发动机振动。如图 3-3-6 所示。

图 3-3-6　平衡轴

平衡轴可分为单平衡轴和双平衡轴两种。单平衡轴采用单一平衡轴，利用齿轮传动方式进行工作，通过曲轴旋转带动固连的平衡轴驱动齿轮、平衡轴从动齿轮以及平衡轴。单平衡轴结构简单，占用空间小，因而在单缸和小排量发动机中应用较为广泛。双平衡轴采用链传动方式带动两根平衡轴转动，其中一根平衡轴与发动机的转速相同，另一根平衡轴的转速是发动机转速的 2 倍，从而达到更加理想的减振效果。由于双平衡轴的结构较为复杂、成本高、占用发动机的空间又相对较大，因此一般在大排量汽车上较为常用。另外，还有一种双平衡轴布置方式，就是两个平衡轴与气缸中心线成角度对称布置，旋转方向相反，转速与曲轴转速相同，用以平衡发动机的往复惯性力。

课中实践

一　能力测评

请扫码完成相应的能力测评。

二　工作任务

1. 任务分组

班级		组号		指导老师	
组长		承担任务			
组员及分工	姓名	承担任务		姓名	承担任务

2. 任务实践

作业内容	图解	技术提要
1. 任务准备		1. 设备：科鲁兹 1.6L LDE 发动机及翻转架、零件台、工具车、维修手册 2. 工具：世达工具、指针式扭力扳手、定扭力扳手、摇把、角度规、橡胶锤、千分尺、磁性表座、百分表、塑料间隙规、气枪 3. 辅助材料：抹布、吸油纸、记号笔、化油器清洗剂、机油壶
2. 拆卸发动机前盖		使用 _____ 号套筒及适当的工具拆卸发动机前盖螺栓，分两次由四周向中间卸力后拆下 _____ 个螺栓 1- 发动机前盖密封件　2，3- 发动机前盖螺栓 4- 发动机前盖

续表

作业内容	图解	技术提要
3. 取下发动机前盖密封垫		1. 使用 _____ 四周轻轻敲下发动机前盖 2. 取下前盖密封垫
4. 拆卸飞轮		1. 安装飞轮固定工具 2. 使用合适的工具对角线松开 _____ 个飞轮螺栓，拆下固定工具 3. 拆下飞轮
5. 拆卸曲轴位置传感器、变磁阻环、后油封壳体		1. 使用合适的工具拆卸曲轴位置传感器螺栓，拔出传感器 2. 取出① _____ 　　　② _____ 1- 曲轴后油封壳体　2- 曲轴位置传感器变磁阻环

作业内容	图解	技术提要
6. 旋转曲轴，并目视检查曲轴轴承盖		1. 按发动机旋转方向旋转曲轴以 _____ 圈，要求 _____、_____ 2. 目视检查曲轴轴承盖外观，并识别曲轴轴承盖
7. 拆卸曲轴轴承盖		1. 旋转曲轴，使主轴颈和连杆轴颈平行于气缸下底面 2. 使用 _____ 号套筒及合适的工具，由两侧向中间，预松曲轴轴承盖螺栓，第一遍 _____ 度，第二遍 _____ 度，第三遍拆下
8. 取出曲轴轴承盖及曲轴		1. 取出曲轴，放置于飞轮中 2. 取出 5 个曲轴轴承盖，按顺序放于吸油纸上
9. 取出曲轴上下轴承，及轴承盖螺栓		1. 取出 _____ 个轴承盖螺栓，摆放到对应的轴承盖处 2. 拆卸轴承，用手从定位槽中推出，摆放到对应的轴承盖处

续表

作业内容	图解	技术提要
10.清洁曲轴飞轮组各零部件		1.用吸油纸清洁曲轴轴颈、上下轴承、轴承盖和气缸体 2.用压缩空气清洁曲轴飞轮组各零部件及油道 3.目视检查轴承盖螺栓、轴承、轴承盖、曲轴、气缸体等，将有异常损坏件记录并制订维修方案（更换、维修、磨削）
11.曲轴轴颈测量		1.千分尺校零 2.在被测表面上选取两个截面，横向纵向测得四个值，标准直径为 _____mm 计算值｜计算方法 圆度误差｜ 圆柱度误差｜ 3.对测量结果判断，制订维修方案（更换、维修、磨削）
12.曲轴轴向间隙检查		1.安装气缸体上的曲轴和轴承 2.组装百分表测量套件，并检查 3.安装磁性表座，使百分表表头与曲轴前端充分接触 4.用一字起前后撬动曲轴，测量轴向间隙，撬动时注意保护接触面 名称｜标准 轴向间隙｜

作业内容	图解	技术提要
13. 曲轴不圆度检查		1. 将曲轴放入发动机气缸体中，并在轴颈和轴承盖上涂抹润滑油 2. 安装测量表到发动机气缸体上的托架上 3. 将百分表盘紧靠曲轴轴颈最高点 4. 平稳地转动曲轴，检查间隙的变化量 <table><tr><td>名称</td><td>标准</td></tr><tr><td>旋转间隙</td><td></td></tr></table>
14. 检查曲轴轴承间隙		1. 将塑料线间隙规放于曲轴轴颈最高点 2. 安装 5 个曲轴轴承盖，分三遍拧紧 2 个曲轴轴承盖螺栓 <table><tr><td>名称</td><td>标准</td></tr><tr><td>第一遍</td><td>_____N·m</td></tr><tr><td>第二遍</td><td>_____°</td></tr><tr><td>第三遍</td><td>_____°</td></tr></table>
15. 拆卸轴承盖，读取数值		1. 拆下曲轴轴承盖螺栓 2. 将变平的塑料线（箭头）的宽度与量尺对比 <table><tr><td>名称</td><td>标准</td></tr><tr><td>轴承间隙</td><td></td></tr></table> 3. 对测量结果判断，制订维修方案（更换、维修、磨削） 4. 清洁曲轴轴颈表面污垢，并按规定扭矩和角度上紧

续表

作业内容	图解	技术提要
16. 安装前端盖		1. 更换新的同型号密封垫和曲轴前油封 2. 由中间向两边安装前端盖螺栓 表格: 名称 / 标准 前端盖螺栓 / _____ N·m
17. 安装传感器、变磁阻环、后油封壳体		1 按顺序安装传感器、变磁阻环、后油封壳体 2. 传感器螺栓扭矩为 _____ N·m。
18. 安装飞轮		对角线安装 6 个飞轮螺栓 表格: 名称 / 标准 第一遍 / _____ N·m 第二遍 / _____ ° 最后一遍 / _____ °

作业内容	图解	技术提要
19.5S 管理		按照技术要求完成 5S 项目

3. 实施总结

评价内容	赋分	序号	具体指标	分值	得分 自评	组评	师评
仪容仪表	15	1	工作服、鞋、胸卡穿戴整洁	5			
		2	发型、指甲等符合工作要求	5			
		3	不佩戴首饰、钥匙、手表等	5			
学习及工作过程	60	4	准备任务	2			
		5	拆卸发动机前盖	3			
		6	取下发动机前盖密封垫	3			
		7	拆卸飞轮	3			
		8	拆卸曲轴位置传感器、变磁阻环、后油封壳体	5			
		9	旋转曲轴，并目视检查曲轴轴承盖	3			
		10	拆卸曲轴轴承盖	3			
		11	取出曲轴轴承盖及曲轴	3			
		12	取出曲轴上下轴承，及轴承盖螺栓	3			
		13	清洁曲轴飞轮组各零部件	3			
		14	曲轴轴颈测量	4			
		15	曲轴轴向间隙检查	4			
		16	曲轴不圆度检查	4			
		17	检查曲轴轴承间隙	3			
		18	拆卸轴承盖，读取数值	3			
		19	安装前端盖	3			
		20	安装传感器、变磁阻环、后油封壳体	5			
		21	安装飞轮	3			
职业素养	25	22	坚持出勤，遵守规章制度	5			
		23	服从安排，积极参加组内活动	5			
		24	在规定时间完成，认真填写工单	5			
		25	节约用水用电用气，注意环保	5			
		26	执行 5S 工作	5			
综合得分				100			

续表

评价内容	赋分	序号	具体指标	分值	得分		
					自评	组评	师评
总结反馈			团队分工与合作的方面				
			熟练掌握与运用的方面				
			需要巩固与提升的方面				
			改进措施与路径的方面				

三 学习目标达成情况

序号	学习内容（知识、技能、行为习惯、职业素养）	评价标准			
		了解知道	理解掌握	指导下操作	独立操作

课后延伸

一 理论测试

扫码完成理论测试。

二 任务实施巩固

要求：对操作过程用思维导图方法进行总结。

汽车技术专业项目化课程评价

同学们，本项目学习结束了，感谢你始终如一地努力学习和积极配合。为了能使我们不断地作出改进，提高专业教学效果，我们珍视各种建议、创意和批评。为此，我们很乐于了解你对本项目学习的真实看法。当然，这一过程中所收集的数据采用不记名的方式，我们都将保密，且不会透漏给第三方。对于有些问题，只需打"√"作出选择，有些问题，则请以几个关键词给出一个简单的答案。

项目名称：＿＿＿＿＿＿＿ 教师姓名：＿＿＿＿＿＿＿

课程时间：　年　月　日—　日　第　周

授课地点：＿＿＿＿＿＿＿

	很满意	满意	一般	不满意	很不满意

模块教学组织评价

	很满意	满意	一般	不满意	很不满意
1. 你对实训楼整个教学秩序是否满意？	□	□	□	□	□
2. 你对实训楼整个环境卫生状况是否满意？	□	□	□	□	□
3. 你对实训楼学生整体的纪律表现是否满意？	□	□	□	□	□
4. 你对你们这一小组的总体表现是否满意？	□	□	□	□	□
5. 你对这种理实一体的教学模式是否满意？	□	□	□	□	□

培训教师评价

	很满意	满意	一般	不满意	很不满意
6. 你如何评价培训教师（总体印象 / 能力 / 表达能力 / 说服力）？	□	□	□	□	□
7. 教师组织培训通俗易懂，结构清晰。	□	□	□	□	□
8. 教师非常关注学生的反应。	□	□	□	□	□
9. 教师能认真指导学生，对任何学生都不放弃。	□	□	□	□	□
10. 你对培训氛围是否满意？	□	□	□	□	□
11. 你认为理论和实践的比例分配是否合适？	□	□	□	□	□
12. 你对教师在岗情况是否满意（上课经常不在培训室、接打手机等）？	□	□	□	□	□

培训内容评价

	很满意	满意	一般	不满意	很不满意
13. 你对培训涉及的题目及内容是否满意？	□	□	□	□	□
14. 课程内容是否适合你的知识水平？	□	□	□	□	□
15. 培训中使用的各种器材是否丰富？	□	□	□	□	□
16. 你对发放的学生手册和学生工作手册是否满意？	□	□	□	□	□

请回答下列问题

1. 在培训组织的哪些方面还需要进一步改进？

＿＿＿

＿＿＿

2. 哪些培训内容你特别感兴趣，为什么？

_____

_____

_____

3. 哪些培训内容你不是特别感兴趣，为什么？

_____

_____

_____

4. 关于培训内容，是否还有你想学但老师这次没有涉及的？如有，请指出。

_____

_____

_____

5. 你对哪些培训内容比较满意？哪些方面还需要进一步改进？

_____

_____

_____

6. 你希望每次活动都给小组留有一定讨论时间吗？你认为多长时间合适？

_____

_____

_____

7. 通过这个项目的学习，你最想对自己说些什么？

_____

_____

_____

8. 通过这个项目的学习，你最想对教授本项目的教师说些什么？

_____

_____

_____

项目 ❹
燃油供给系统的拆装与检测

📝 项目描述

　　燃油供给系统的任务是根据发动机不同工况的要求，配制出一定数量和浓度的可燃混合气供入气缸，把燃烧后的废气排出气缸。同时，燃油系统还需要储存相当数量的汽油，以保证汽车有相当远的续驶里程。

　　通过本项目的学习，要在知识、技能、行为习惯、职业素养等方面达到学思用贯通、知信行统一，能够养成精益求精的工匠精神、绿色环保的责任意识以及吃苦耐劳的卓越品质，并将尊重创造、敬业奉献、服务人民融入学习生活中。

🏛 学习路径

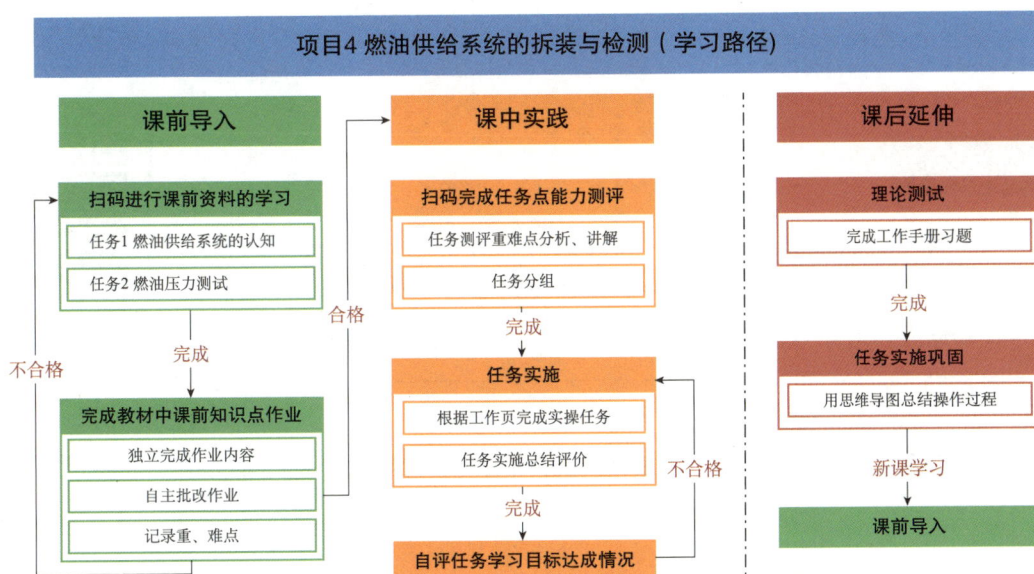

学习目标

项目4

任务1　燃油供给系统的认知

1.了解汽油机可燃混合气的形成。
2.掌握空气供给装置的组成及作用。
3.掌握燃油供给装置的组成及功用。
4.掌握排气装置的组成及作用。
5.能够学思用贯通，提高环保意识和服务意识。

任务2　燃油压力测试

1.知道燃油供给装置的工作过程。
2.掌握燃油压力表的使用方法。
3.能独立完成燃油压力的测试。
4.会分析测试的结果。
5.能够养成规范意识及精益求精的工匠精神。

任务 1　燃油供给系统的认知

任务案例

某品牌4S店售后接待组接到一辆故障车，打开发动机舱后闻到很浓的汽油味。据车主描述，近日开车时能闻到汽油气味，尤其是在开空调外循环时，味道更大，车主怀疑存在汽油泄漏风险。经检查，维修人员确认该车是由于燃油管路连接处老化导致燃油轻微渗出进而引发此故障的。

课前导入

同学们，为了完成本次工作任务，请在课前利用多种途径查阅资料预习相关知识点，也可扫一扫右方二维码进行课前资料学习，熟悉相关应知应会知识点，并完成下面的学习任务。

课前学习资料

燃油供给系统由空气供给装置、汽油供给装置和排气装置组成（见图4-1-1）。

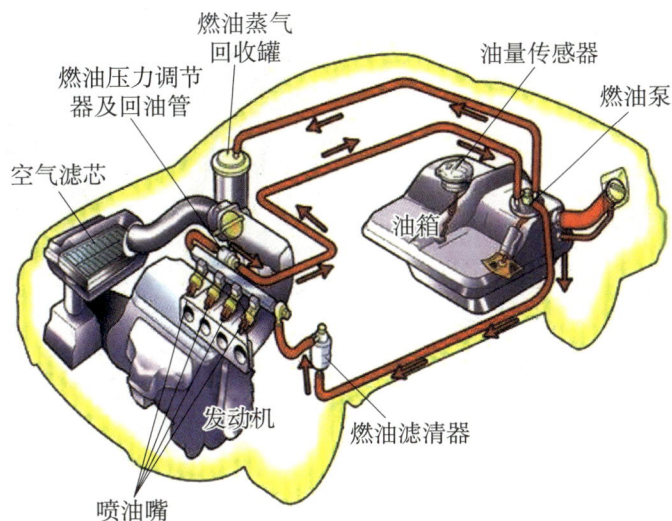

图 4-1-1 燃油供给系统

![知识点] **1** 空气供给装置

空气经过空气滤清器，滤去空气中的尘埃等杂质后，沿着进气软管通过节气门流入进气总管，再由进气歧管分配到各个气缸中。

1. 空气滤清器

空气滤清器（见图 4-1-2）起到滤除空气中灰尘、砂粒等杂质的作用，保证气缸中进入足量、清洁的空气。常用的为纸质滤芯，需定期更换，在安装时，要注意辨别方向。

2. 进气软管

进气软管安装在空气滤清器和节气门体之间，用以减振，并保证气密性和随动性，通常采用橡胶制成的波纹管，如图 4-1-3 所示。

图 4-1-2 空气滤清器

图 4-1-3 进气软管

3. 节气门体

节气门体是发动机进气系统上的一个装置，是控制发动机进气量的一个阀门。节气门体一般分三部分：执行器、节气门片和节气门位置传感器，它们一般被封装为一体，如图 4-1-4 所示。通常阀体都是铝质，也有少量的车型采用塑料制品。

图 4-1-4　节气门体

图 4-1-5　进气歧管

4.进气歧管

进气歧管指的是节气门体之后到气缸盖进气道之前的进气管路，如图 4-1-5 所示。它的功用是将空气、燃油混合气或洁净空气尽可能均匀地分配到各个气缸。因此进气歧管内气体流道的长度应尽可能相等。目前常见的进气歧管材质有合金材料或复合材料，其质地轻盈，内部光滑，能有效减少阻力，增加进气的效率。

小试牛刀

1.燃料供给系统通常由 _____、_____ 及 _____ 等三部分构成。
2.完成下图空缺部件名称 1-_____，2-_____，3-_____，4-_____，
5-_____。

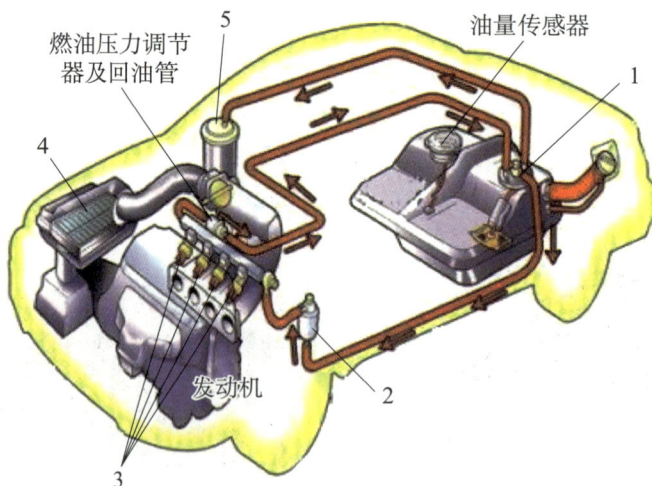

知识点 2　燃油供给装置

燃油供给装置由油箱、燃油泵、燃油滤清器、油轨、压力调节器、喷油器和油管等组成，如图 4-1-6 所示。它的功用是供给喷油器一定压力的燃油，喷油器则根据电脑指令喷油，实现燃油的雾化。

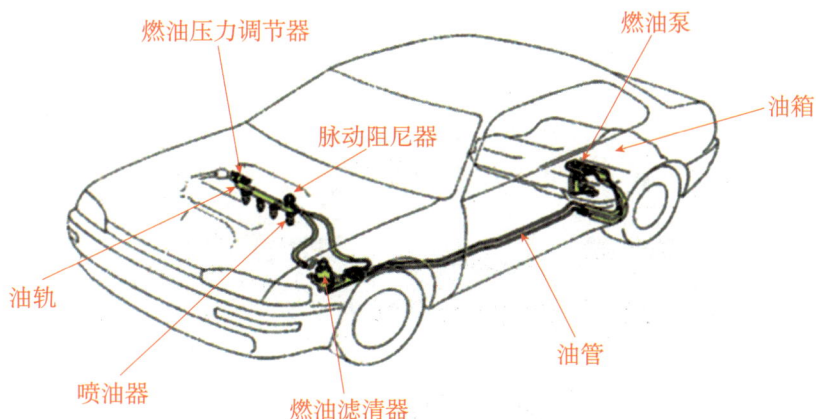

图 4-1-6　燃油供给装置

工作过程如图 4-1-7 所示。

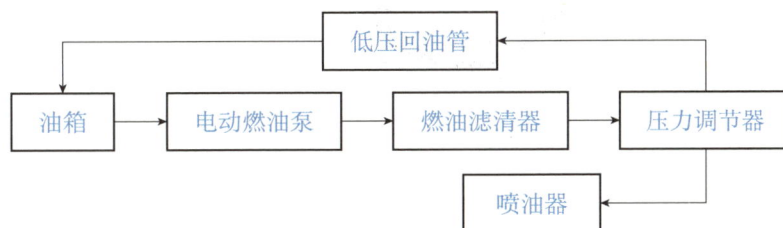

图 4-1-7　工作过程

1. 电动燃油泵

电动燃油泵将汽油增压，并源源不断地泵入供油管道，供应超额油量至分油盘以维持喷射系统的工作压力，一般装在油箱附近。常见汽油泵有以下三种。

（1）滚柱式电动汽油泵：由壳体、圆柱形滚柱和转子等组成。五个滚柱在转子的槽内可径向滑动，转子与壳体存在一定的偏心。转子在直流电动机的驱动下旋转，在离心力的作用下，滚柱紧压在泵体的内圆表面上，形成五个相对独立的密封腔。旋转时，每个密封腔的容积不断发生变化，在进油口时，容积增大，形成一定的真空，将经过过滤的汽油吸入泵内。在出油口处，容积变小，压力升高，汽油穿过直流电动机推开单向阀输出。当输油管路发生堵塞或汽油滤清器堵塞时，汽油压力超过规定值，限压阀打开，汽油流回进油侧，如图 4-1-8 所示。

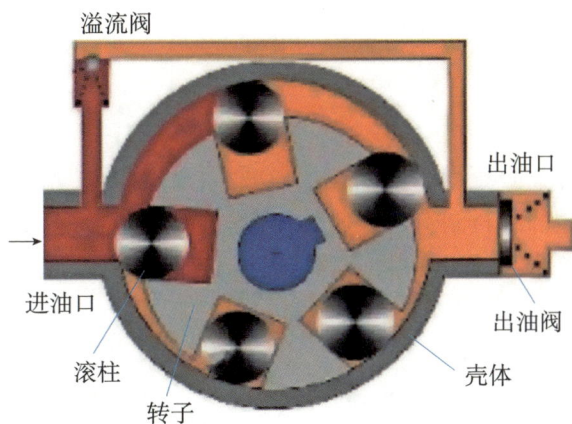

图 4-1-8　滚柱式电动汽油泵

（2）叶片式汽油泵：转子槽内的叶片与泵壳（定子环）相接触，将吸入的液体由进油侧压向排油侧的泵，如图 4-1-9 所示。

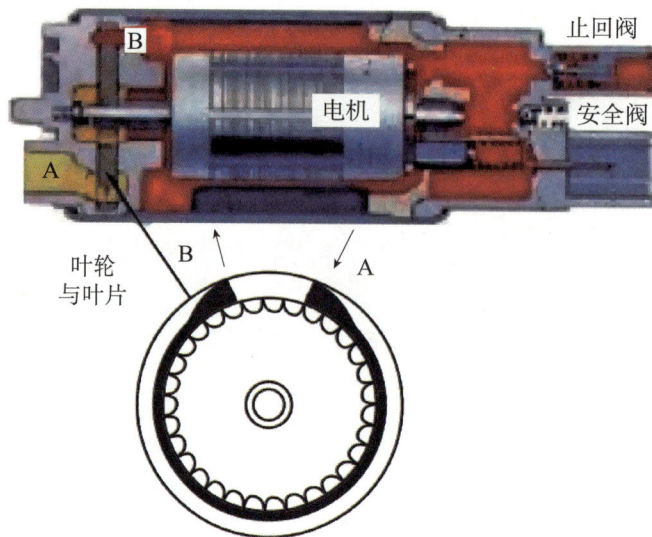

图 4-1-9　叶片式汽油泵

（3）齿轮式汽油泵：由两个齿轮、泵体与前后盖组成两个封闭空间，当齿轮转动时，齿轮脱开侧的空间的体积从小变大，形成真空，将液体吸入，齿轮啮合侧的空间的体积从大变小，而将液体挤入管路中去。吸油腔与压油腔是靠两个齿轮的啮合线来隔开的，如图 4-1-10 所示。

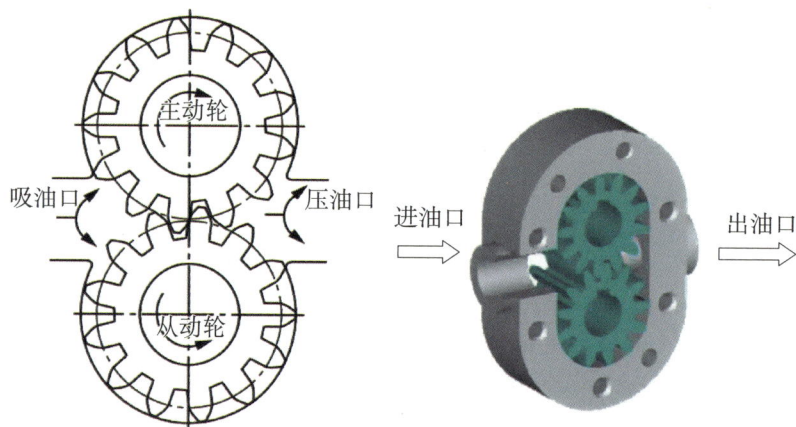

图 4-1-10　齿轮式汽油泵

2. 燃油滤清器

滤除燃油中的杂质和水分，防止燃油系统堵塞，减小机件磨损，保证发动机正常工作。一般采用纸质滤芯，燃油滤芯是用优质的滤材制造，一般外显式燃油滤清器每行驶 20000～40000km 或 1～2 年应更换，安装时应注意燃油流动方向的箭头，不能装反，如图 4-1-11 所示。内置的燃油滤清器一般可以用 10 万千米左右。

3. 燃油压力调节器

燃油压力调节器用于保持汽油压力和进气真空度之间的压力差为恒定值。常见的安装在油轨的末端，保持真空吸力、燃油压力、弹簧力三力之间的动态平衡，如图 4-1-12 所示。

图 4-1-11　燃油滤清器

图 4-1-12　燃油压力调节器

小试牛刀

1. 燃油供给装置由 ＿＿＿＿＿＿、＿＿＿＿＿＿、＿＿＿＿＿＿、＿＿＿＿＿＿、＿＿＿＿＿＿、＿＿＿＿＿＿ 和 ＿＿＿＿＿＿ 组成。

2. 常见汽油泵有 ＿＿＿＿＿＿、＿＿＿＿＿＿ 和 ＿＿＿＿＿＿ 三种。

3. 一般外显式燃油滤清器每行驶 ＿＿＿＿＿＿km 或 ＿＿＿＿＿＿ 年应更换。

知识点 3　排气装置

排气装置由排气管、三元催化转换装置、消声器等组成，如图 4-1-13 所示。

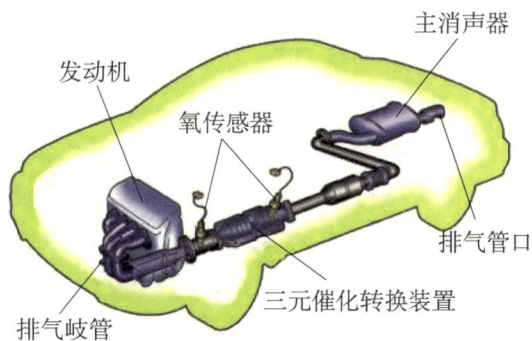

图 4-1-13　排气装置

　　排气管安装于发动机排气岐管和消声器之间，使整个排气系统呈挠性连接，从而起到减振降噪、方便安装和延长排气消声系统寿命的作用。

　　三元催化转换装置是安装在汽车排气系统中最重要的机外净化装置，它可将汽车尾气排出的 CO、HC 和 NO_x 等有害气体通过氧化和还原作用转变为无害的二氧化碳、水和氮气。

　　消声器主要用于降低发动机的排气噪声，并使高温废气能安全有效地排出。消声器作为排气管道的一部分，应保证其排气畅通、阻力小及足够的强度。消声器要经受 500～700℃高温排气，保证在汽车规定的行驶里程内，不损坏、不失去消声效果。

小试牛刀

1. 完成下图空缺部件名称 1-_____ ，2-_____ ，3-_____ ，4-_____ 。

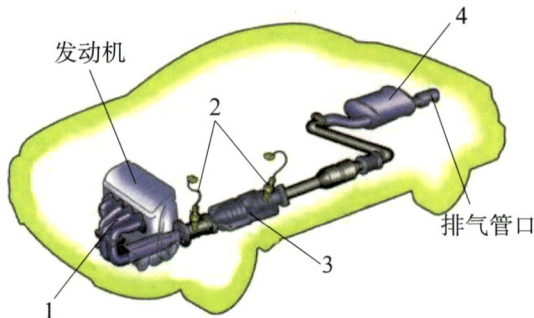

发动机

4

2

排气管口

3

1

2. 三元催化转换装置可将汽车尾气排出的 _____ 、_____ 和 _____ 等有害气体通过氧化和还原作用转变为无害的 _____ 、_____ 和 _____ 。

知识点 4 汽油机可燃混合气形成过程

汽车机的可燃混合气形成时间很短，从进气过程开始算起到压缩过程结束为止。总共也只有0.01～0.02 s。要在这样短的时间内形成均匀的可燃混合气，关键在于汽油的雾化和蒸发。所谓雾化就是将汽油分散成细小的油滴或油雾。良好的雾化可以大大地增加汽油的蒸发表面积，从而提高汽油的蒸发速度。另外，混合气中汽油与空气的比例应符合发动机的运转工况需要。因此，混合气的形成过程就是汽油雾化、蒸发以及与空气配比和混合的过程。进入发动机各个气缸的可燃混合气的数量和浓度对发动机的综合性能十分重要。可燃混合气是指空气与燃料的混合物，其成分对发动机的动力性、经济性与排放性等都有很大的影响。

对于混合气成分，一般用空燃比来表示。理论上，1kg 汽油完全燃烧需要空气 14.7kg。因此，对于汽油机而言，空燃比为 14.7 的可燃混合气可称为理论混合气。若可燃混合气的空燃比小于 14.7，则意味着其中汽油含量有余，空气含量不足，可称之为浓混合气。同理，空燃比大于 14.7 的可燃混合气则可称为稀混合气。对于不同的燃料，其理论空燃比数值是不同的。

在我国，可燃混合气成分指标是过量空气系数，常用符号 ϕa 表示，

$$\phi a = \frac{\text{燃烧 1kg 燃料所实际供给的空气质量}}{\text{完全燃烧 1kg 燃料所需的理论空气质量}}$$

由上面的定义表达式可知：无论使用何种燃料，凡过量空气系数 $\phi a=1$ 的可燃混合气即为理论混合气，$\phi a<1$ 的为浓混合气；$\phi a>1$ 的则为稀混合气。

小试牛刀

请讨论：可燃混合气浓度对发动机性能有何影响？

_____

_____

_____
_____
_____
_____

知识点 5 可变进气系统

可变进气系统通过改变进气管的长度和截面积，提高燃烧效率，使发动机在低转速时更平稳、转矩更充足，高转速时更顺畅、功率更强大，如图 4-1-14 所示。发动机在低转速时，用又长又细的进气歧管，可以增加进气的气流速度和气压强度，并使得汽油得以更好地雾化，燃烧得更好，提高转矩。发动机在高转速时需要大量混合气，这时进气歧管就会变得又粗又短，这样才能吸入更多的混合气，提高输出功率。

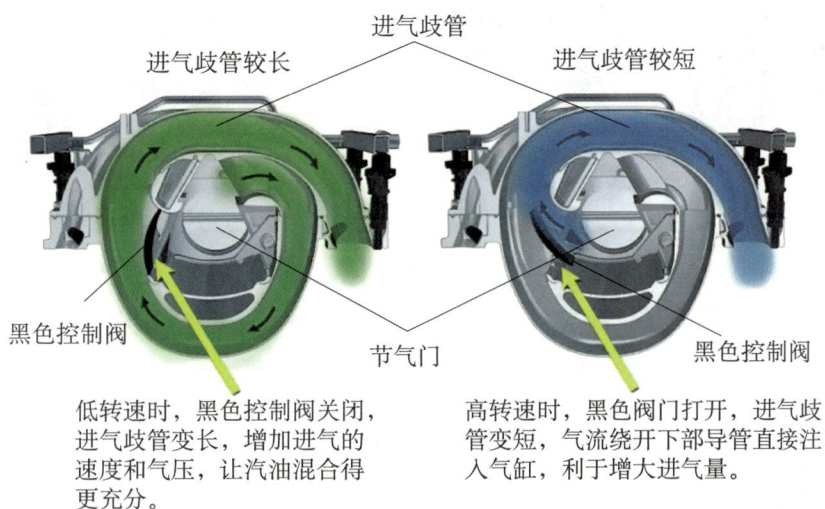

图 4-1-14 可变进气系统

小试牛刀

请讨论：可变进气系统是如何提升发动机工作性能的？

_____
_____
_____
_____

知识点 6 进气增压

进气增压主要是为了提高进入发动机空气的密度，增加发动机的进气量，以达到增加发动机的功率和扭矩的目的。

目前增压类型有机械增压、废气涡轮增压、气波增压、复合增压四种，如图 4-1-15 至图 4-1-18 所示。

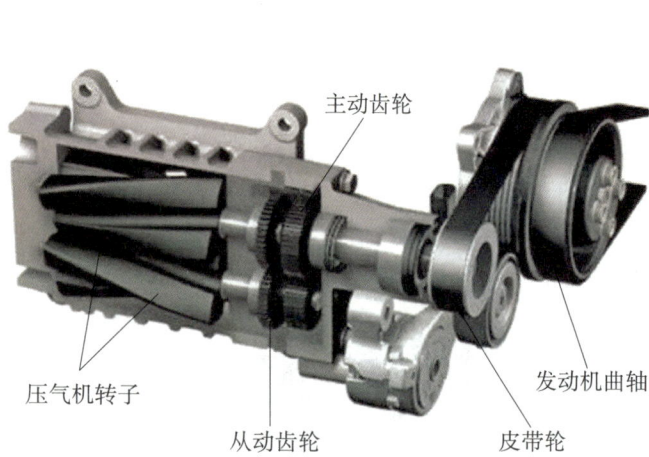

图 4-1-15　机械增压

图 4-1-16　废气涡轮增压

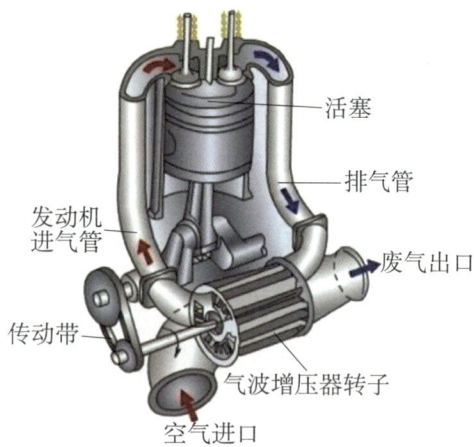

图 4-1-17　气波增压

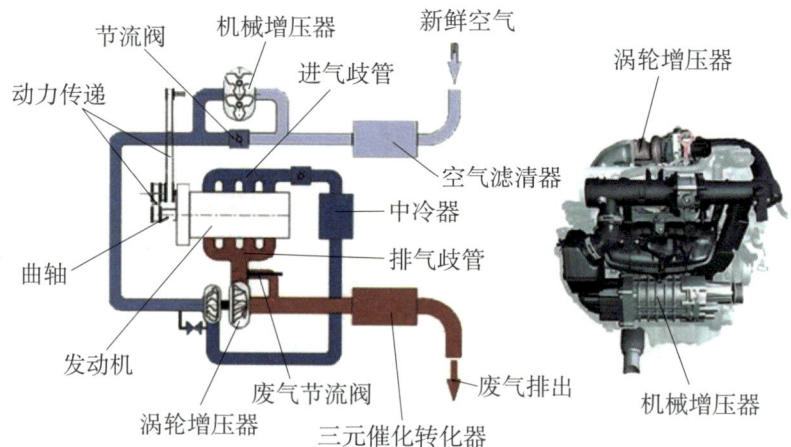

图 4-1-18　复合增压

小试牛刀

1. 目前增压类型有 ＿＿＿＿＿＿ 、 ＿＿＿＿＿＿ 、 ＿＿＿＿＿＿ 和 ＿＿＿＿＿＿ 四种。

2.常见的采用增压发动机的车型有哪些？分别采用的是哪种类型的增压方式？

_____

_____

_____

▶▶ 课中实践

一　能力测评

请扫码完成相应的能力测评。

二　工作任务

1.任务分组

班级		组号		指导老师	
组长		承担任务			
组员及分工	姓名	承担任务	姓名		承担任务

2.任务实践

作业内容	图解	技术提要
1.任务准备		1.设备：科鲁兹车 2.工具：手电筒，车轮挡块，座椅三件套，翼子板护垫及前格栅布 1 套 3.辅助材料：抹布若干

续表

作业内容	图解	技术提要
2. 找出空气滤清器壳体		1. 找出空气滤清器壳体安装位置 2. 材料 _____ 3. 说出其功能是 _____
3. 找出进气软管		1. 找出进气歧管的安装位置 2. 材料 _____ 3. 说出其功能是 _____
4. 找出节气门体		1. 找到节气门体的安装位置 2. 材料 _____ 3. 说出其功能是 _____
5. 找出进气歧管		1. 找到进气歧管的安装位置 2. 材料 _____ 3. 说出其功能是_____
6. 找出油箱		1. 找到进油箱的安装位置 2. 材料 _____ 3. 说出其功能是 _____

作业内容	图解	技术提要
7. 找出燃油滤清器		1. 找到燃油滤清器的安装位置 2. 材料 _____ 3. 说出其功能是 _____
8. 找出蒸发排放炭罐		1. 找到蒸发排放碳罐的安装位置 2. 材料 _____ 3. 说出其功能是 _____
9. 找出燃油管		1. 找到燃油管的安装位置 2. 材料 _____ 3. 说出其功能是 _____
10. 找出燃油脉动阻尼器		1. 找到燃油脉动阻尼器的安装位置 2. 材料 _____ 3. 说出其功能是 _____
11. 找出燃油油轨		1. 找到燃油油轨的安装位置 2. 材料 _____ 3. 说出其功能是 _____

续表

作业内容	图解	技术提要
12. 找出喷油器		1. 找到喷油器的安装位置 2. 材料 _____ 3. 说出其功能是 _____
13. 找出排气歧管		1. 找到排气歧管的安装位置 2. 材料 _____ 3. 说出其功能是 _____
14. 找出三元催化转换器		1. 找到三元催化转换器的安装位置。 2. 材料 _____ 3. 说出其功能是 _____
15. 找出挠性排气管		1. 找到挠性排气管的安装位置 2. 材料 _____ 3. 说出其功能是 _____
16. 找出消音器		1. 找到消音器的安装位置 2. 材料 _____ 3. 说出其功能是 _____

续表

作业内容	图解	技术提要
17. 5S 管理		按照技术要求完成 5S 项目

3. 实施总结

评价内容	赋分	序号	具体指标	分值	得分		
					自评	组评	师评
仪容仪表	15	1	工作服、鞋、胸卡穿戴整洁	5			
		2	发型、指甲等符合工作要求	5			
		3	不佩戴首饰、钥匙、手表等	5			
学习及工作过程	60	4	前期准备	5			
		5	找出空气滤清器壳体	5			
		6	找出进气软管与节气门体	5			
		7	找出进气歧管	5			
		8	找出油箱	5			
		9	找出燃油滤清器和蒸发排放炭罐	10			
		10	找出燃油管与燃油脉动阻尼器	5			
		11	找出燃油油轨与喷油器	5			
		12	找出排气歧管与催化转换器	5			
		13	找出挠性排气管	5			
		14	找出消音器	5			
职业素养	25	15	坚持出勤，遵守规章制度	5			
		16	服从安排，积极参加组内活动	5			
		17	在规定时间完成，认真填写工单	5			
		18	节约用水、用电、用气，注意环保	5			
		19	执行 5S 工作	5			
综合得分				100			
总结反馈			团队分工与合作的方面				

续表

评价内容	赋分	序号	具体指标	分值	得分		
					自评	组评	师评
总结反馈			熟练掌握与运用的方面				
			需要巩固与提升的方面				
			改进措施与路径的方面				

三 学习目标达成情况

序号	学习内容（知识、技能、行为习惯、职业素养）	评价标准			
		了解知道	理解掌握	指导下操作	独立操作

课后延伸

一 理论测试

扫码完成理论测试。

二 任务实施巩固

要求：对操作过程用思维导图方法进行总结。

任务案例

某品牌 4S 店接到维修车辆，据车主称，该车最近出现发动机动力不足、车辆提速困难的现象。经与车主确认该车自 2017 年购买至今已行驶 10 万千米，其间未换过燃油滤清器。经检查，维修人员怀疑该车可能是由于燃油滤清器堵塞导致燃油压力不足进而引发此故障的。

课前导入

同学们，为了完成本次工作任务，请在课前利用多种途径查阅资料预习相关知识点，也可扫一扫右方二维码进行课前资料学习，熟悉相关应知应会知识点，并完成下面的学习任务。

课前学习资料

知识点 1　燃油供给系统结构形式

燃油供给系统是电控燃油喷射系统的一部分。燃油供给系统结构形式包括回油式、机械无回油式和电子无回油式三种形式。

1. 回油式

（1）结构：回油式燃油供给系统其结构由燃油箱、压力调节器和喷油器组成，如图 4-2-1 所示。

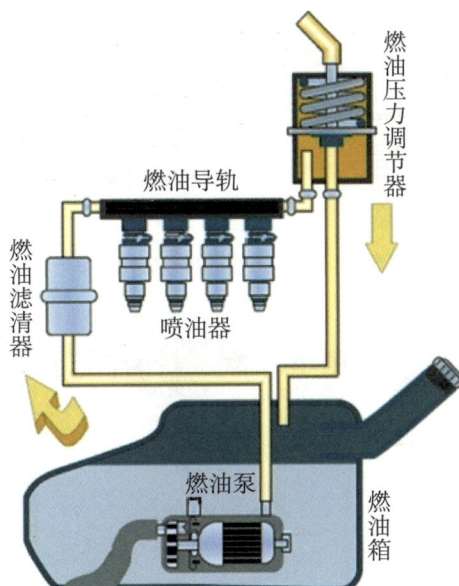

图 4-2-1　回油式燃油供给系统

（2）燃油输送线路：燃油箱→燃油泵→燃油滤清器→燃油导轨→喷油器。为燃油压力与进气管压力差保持恒定，多余的燃油会从燃油轨道端头处的燃油压力调节器泄压回流至燃油箱。

（3）特点：回油式燃油供给系统的优点是喷油压力波动小；缺点是回流燃油导致燃油箱内油温升高，加速燃油箱内燃油的蒸发速度，进而使喷油量减少，故发动机的热动性能较差。

2. 机械无回油式

机械无回油式根据燃油滤清器和燃油压力调节器的位置不同有三种，分别是压力调节器和燃油滤清器分别安装在油箱内外，如图4-2-2所示；燃油滤清器和压力调节器集成安装在油箱内，如图4-2-3所示；燃油滤清器和压力调节器集成安装在油箱外，如图4-2-4所示。

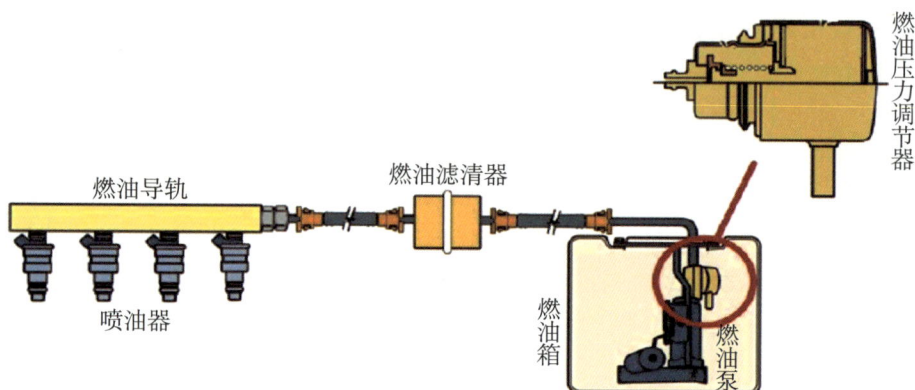

图 4-2-2　压力调节器和燃油滤清器分别安装在油箱内外的结构示意图

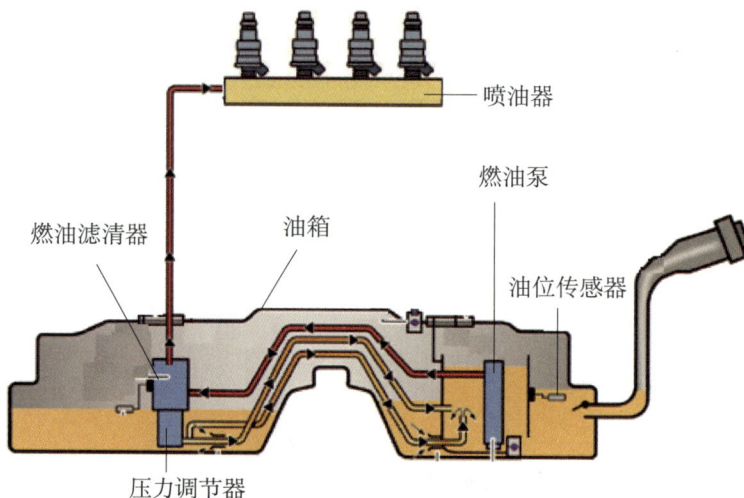

图 4-2-3　燃油滤清器和压力调节器集成安装在油箱内的结构示意图

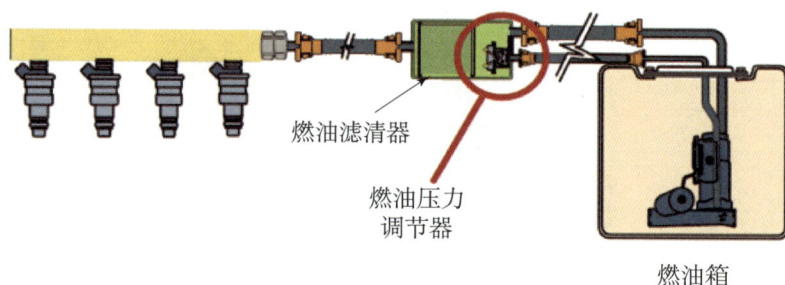

图 4-2-4　燃油滤清器和压力调节器集成安装在油箱外的结构示意图

（1）结构：机械无回油式燃油供给系统由燃油箱、燃油泵、燃油压力调节器、燃油滤清器、燃油导轨和喷油器组成。

（2）燃油输送线路：燃油箱→燃油泵→燃油滤清器→燃油导轨→喷油器。如果油箱内系统燃油压力过高，燃油会从压力调节器泄压回流至燃油箱。

（3）特点：机械无回油式燃油供给系统采用恒压式燃油压力调节器，优点是过剩的油直接从燃油滤清器回油管或燃油箱内部返回燃油箱，避免了回油式燃供给系统的缺点，同时也简化了燃油管道，降低了燃油管路泄漏的可能性。

3. 电子无回油式

（1）结构：电子无回油式燃油供给系统不需要燃油压力调节器，只在燃油导轨上安装一个燃油压力传感器，如图 4-2-5 所示。

（2）燃油输送线路：燃油箱→燃油泵→燃油滤清器→燃油导轨→喷油器。燃油导轨上的燃油压力传感器向 ECM（电子控制模块）传送燃油压力信息，ECM 根据此信息直接控制燃油泵转速来控制燃油系统压力。

（3）特点：ECM 以占空比的方式向燃油泵控制模块发送指令，燃油泵控制模块根据此指令调节燃油泵的转速，从而调节燃油系统中的压力，其特点是可以适时地根据进气歧管压力、发动机的需求和燃油温度对燃油压力进行连续可变的调整，实现按需供油。

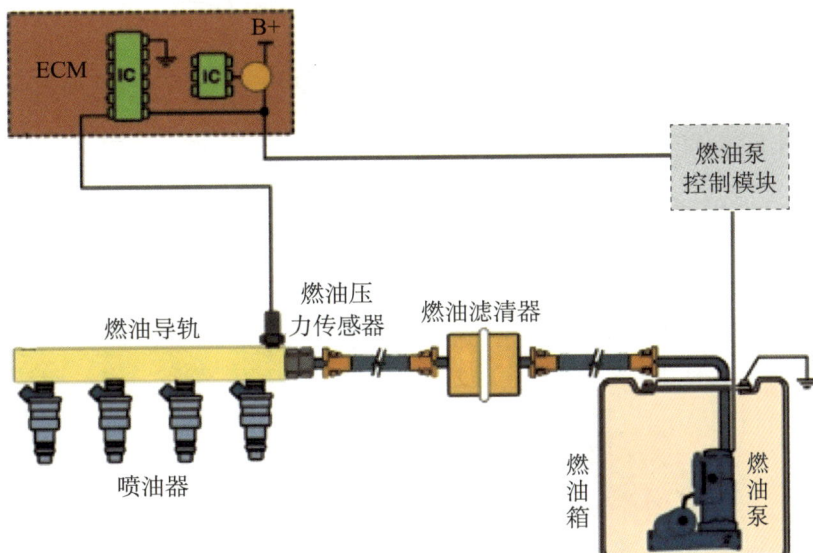

图 4-2-5 电子无回油式燃油供给系统

小试牛刀

1. 燃油供给系统结构形式包括 _____、_____ 和 _____ 三种形式。

2. 完成下图空缺部件名称 1-_____，2-_____，3-_____，4-_____。

3. 回油式燃油供给系统的燃油输送线路：燃油箱→_____→_____→_____→喷油器。

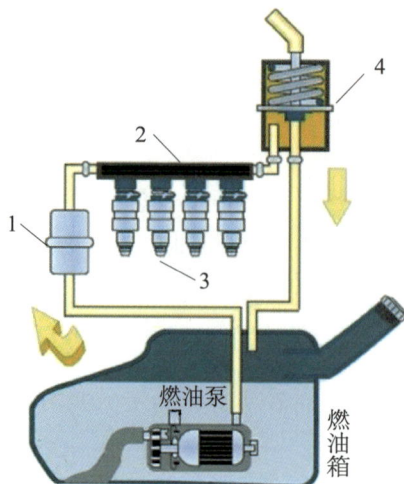

4.完成下图空缺部件名称 1-_____, 2-_____, 3-_____, 4-_____。

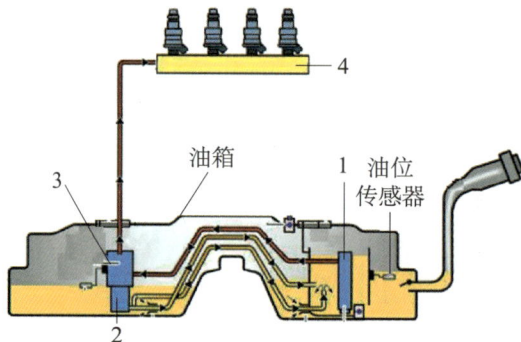

5.机械无回流式燃油供给系统根据燃油滤清器和燃油压力调节器的位置不同有三种,分别是:压力调节器和燃油滤清器_____,燃油滤清器和压力调节器_____,燃油滤清器和压力调节器_____。

6.机械无回油式燃油供给系统采用_____燃油压力调节器。

7.完成下图空缺部件名称 1-_____, 2-_____, 3-_____, 4-_____。

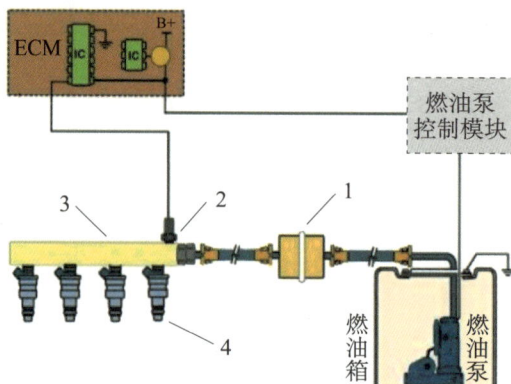

8.电子无回油式燃油供给系统不需要_____,燃油导轨上安装一个燃油压力传感器。

知识点 2 缸内直喷技术

缸内直喷将燃油由喷嘴直接喷入缸内,可以进一步提高汽油机热效率,降低排放。缸内直喷核心部件由高压油轨、高压油泵和喷油器等组成，如图 4-2-6 所示。

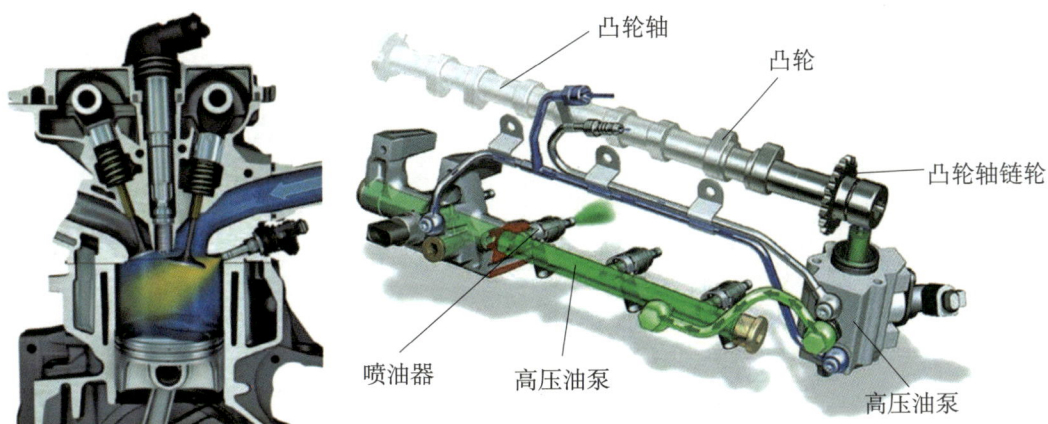

图 4-2-6　燃油缸内直喷系统构造图

小试牛刀

请讨论：缸内直喷技术是如何提高发动机性能的？

_____

_____

_____

_____

_____

_____

知识点 3　燃油压力的测试

1. 检测燃油系统压力的作用

检测燃油系统压力能判断电动燃油泵、燃油压力调节器是否有故障，燃油滤清器是否堵塞等。

2. 燃油压力检测结果分析

燃油压力过低会造成发动机动力不足，车辆提速困难。燃油压力过低的原因可能是：

（1）燃油泵磨损；

（2）燃油压力调节器故障；

（3）燃油管堵塞；

（4）燃油滤清器堵塞。

燃油压力过高会造成喷油量增加，油耗增加，排放偏高。燃油压力过高的原因可能是：

（1）燃油压力调节器卡死；

（2）燃油压力调节器与连接的真空管有漏气或堵塞；

（3）回油管堵塞。

🔧 小试牛刀

请讨论：燃油压力异常对发动机性能有何影响？

_____

_____

_____

_____

_____

_____

▶▶ 课中实践

一　能力测评

请扫码完成相应的能力测评。

二　工作任务

1. 任务分组

班级		组号		指导老师	
组长		承担任务			
组员及分工	姓名	承担任务	姓名		承担任务

2. 任务实践

作业内容	图解	技术提要
1. 任务准备		1. 设备：科鲁兹车 2. 工具：车轮挡块，燃油压力表 1 套，干净的可装残余汽油的容器 3. 辅助材料：座椅三件套，翼子板护垫及前格栅布 1 套，抹布若干
2. 拔掉燃油泵保险丝 F20UA		保险丝位于 ＿＿＿＿＿＿
3. 启动发动机卸压		顺时针旋转点火钥匙启动，如果发动机没有启动成功，应将点火钥匙退回到初始位置后再启动，每次启动时间不能超过 5s，每次启动间隔 15s
4. 拆卸燃油压力测试保护盖		在燃油分配管测试接头上拆下燃油压力测试保护盖

作业内容	图解	技术提要
5. 连接燃油压力表		1. 注意燃油压力测试接头处务必可靠拧紧 2. 将燃油压力表借助挂钩悬挂在引擎盖上 燃油压力测试仪
6. 燃油压力检查	 卸压阀	1. 安装燃油泵保险丝 2. 启动发动机 3. 按下卸压阀，急速时放出压力测试仪中的空气 4. 将流出的燃油收集到合适的容器中
7. 读取燃油压力数值		急速状态时燃油压力应为 _____kPa（_____bar）。如果发现接头处漏油，应立即停机复紧接头

作业内容	图解	技术提要
8. 系统密封性检查		关闭点火开关 10min 后，燃油压力会稍降至_____bar 左右
9. 拔燃油泵保险丝 F20UA		保险丝位于_____
10. 启动发动机卸压		顺时针旋转点火钥匙启动，如果发动机没有启动成功，应将点火钥匙退回到初始位置后再启动，每次启动时间不能超过 5s，每次启动间隔 15s
11. 拆卸燃油压力表		拆卸油管时可能会有少量的燃油漏出，请用抹布垫于油管下端吸附燃油
12. 放掉燃油压力表中的残余燃油		按下卸压阀，放掉燃油压力表中的残余燃油

作业内容	图解	技术提要
13. 装复燃油压力测试接头处的保护盖，并启动检查		1. 装复燃油压力测试保护盖 2. 启动发动机检查是否漏油 3. 如果发现接头处漏油，应立即停机复紧接头
14. 5S 管理		按照技术要求完成 5S 项目

3. 实施总结

评价内容	赋分	序号	具体指标	分值	得分		
					自评	组评	师评
仪容仪表	15	1	工作服、鞋、胸卡穿戴整洁	5			
		2	发型、指甲等符合工作要求	5			
		3	不佩戴首饰、钥匙、手表等	5			
学习及工作过程	60	4	任务准备	5			
		5	拔掉燃油泵保险丝 F20UA	5			
		6	启动发动机卸压	5			
		7	拆卸保护盖，连接燃油压力表	5			
		8	燃油压力检查	5			
		9	读取燃油压力数值	5			
		10	系统密封性检查	5			
		11	拔燃油泵保险丝 F20UA	5			
		12	启动发动机卸压	5			
		13	拆卸燃油压力表	5			
		14	放掉燃油压力表中的残余燃油	5			
		15	装复燃油压力测试接头处的保护盖，并启动检查	5			

续表

评价内容	赋分	序号	具体指标	分值	得分		
					自评	组评	师评
职业素养	25	16	坚持出勤，遵守规章制度	5			
		17	服从安排，积极参加组内活动	5			
		18	在规定时间完成，认真填写工单	5			
		19	节约用水、用电、用气，注意环保	5			
		20	执行 5S 工作	5			
综合得分				100			
总结反馈			团队分工与合作的方面				
			熟练掌握与运用的方面				
			需要巩固与提升的方面				
			改进措施与路径的方面				

三　学习目标达成情况

序号	学习内容（知识、技能、行为习惯、职业素养）	评价标准			
		了解知道	理解掌握	指导下操作	独立操作

续表

▶▶ 课后延伸

一　理论测试

扫码完成理论测试。

二　任务实施巩固

要求：对操作过程用思维导图方法进行总结。

汽车技术专业项目化课程评价

同学们，本项目学习结束了，感谢你始终如一地努力学习和积极配合。为了能使我们不断地作出改进，提高专业教学效果，我们珍视各种建议、创意和批评。为此，我们很乐于了解你对本项目学习的真实看法。当然，这一过程中所收集的数据采用不记名的方式，我们都将保密，且不会透漏给第三方。对于有些问题，只需打"√"作出选择，有些问题，则请以几个关键词给出一个简单的答案。

项目名称：＿＿＿＿＿＿　教师姓名：＿＿＿＿＿＿

课程时间：＿＿年＿＿月＿＿日—＿＿日　第＿＿周

授课地点：＿＿＿＿＿＿

	很满意	满意	一般	不满意	很不满意

模块教学组织评价

	☺		☺		☹
1. 你对实训楼整个教学秩序是否满意？	□	□	□	□	□
2. 你对实训楼整个环境卫生状况是否满意？	□	□	□	□	□
3. 你对实训楼学生整体的纪律表现是否满意？	□	□	□	□	□
4. 你对你们这一小组的总体表现是否满意？	□	□	□	□	□
5. 你对这种理实一体的教学模式是否满意？	□	□	□	□	□

培训教师评价

	☺		☺		☹
6. 你如何评价培训教师（总体印象/能力/表达能力/说服力）？	□	□	□	□	□
7. 教师组织培训通俗易懂，结构清晰。	□	□	□	□	□
8. 教师非常关注学生的反应。	□	□	□	□	□
9. 教师能认真指导学生，对任何学生都不放弃。	□	□	□	□	□
10. 你对培训氛围是否满意？	□	□	□	□	□
11. 你认为理论和实践的比例分配是否合适？	□	□	□	□	□
12. 你对教师在岗情况是否满意（上课经常不在培训室、接打手机等）？					

培训内容评价

	☺		☺		☹
13. 你对培训涉及的题目及内容是否满意？	□	□	□	□	□
14. 课程内容是否适合你的知识水平？	□	□	□	□	□
15. 培训中使用的各种器材是否丰富？	□	□	□	□	□
16. 你对发放的学生手册和学生工作手册是否满意？	□	□	□	□	□

请回答下列问题

1. 在培训组织的哪些方面还需要进一步改进？

＿＿

＿＿

＿＿

2.哪些培训内容你特别感兴趣，为什么？

_____

_____

_____

3.哪些培训内容你不是特别感兴趣，为什么？

_____

_____

_____

4.关于培训内容，是否还有你想学但老师这次没有涉及的？如有，请指出。

_____

_____

_____

5.你对哪些培训内容比较满意？哪些方面还需要进一步改进？

_____

_____

_____

6.你希望每次活动都给小组留有一定讨论时间吗？你认为多长时间合适？

_____

_____

_____

7.通过这个项目的学习，你最想对自己说些什么？

_____

_____

_____

8.通过这个项目的学习，你最想对教授本项目的教师说些什么？

_____

_____

_____

项目 5
点火系统的拆装与检测

项目描述

在汽油发动机中，气缸内的可燃混合气是靠高压线电火花点燃的。而产生电火花的功能是由点火系统来完成的。它的作用就是将汽车电源供给的低电压转变为高电压，并按照发动机的做功顺序与点火时刻的要求，适时准确地将高压电送至各缸的火花塞，使火花塞跳火，点燃气缸内的混合气。

通过本项目的学习，要在知识、技能、行为习惯、职业素养等方面达到学思用贯通、知信行统一，养成精益求精的工匠精神、绿色环保的责任意识以及吃苦耐劳的卓越品质，并将尊重创造、敬业奉献、服务人民融入学习生活中。

学习路径

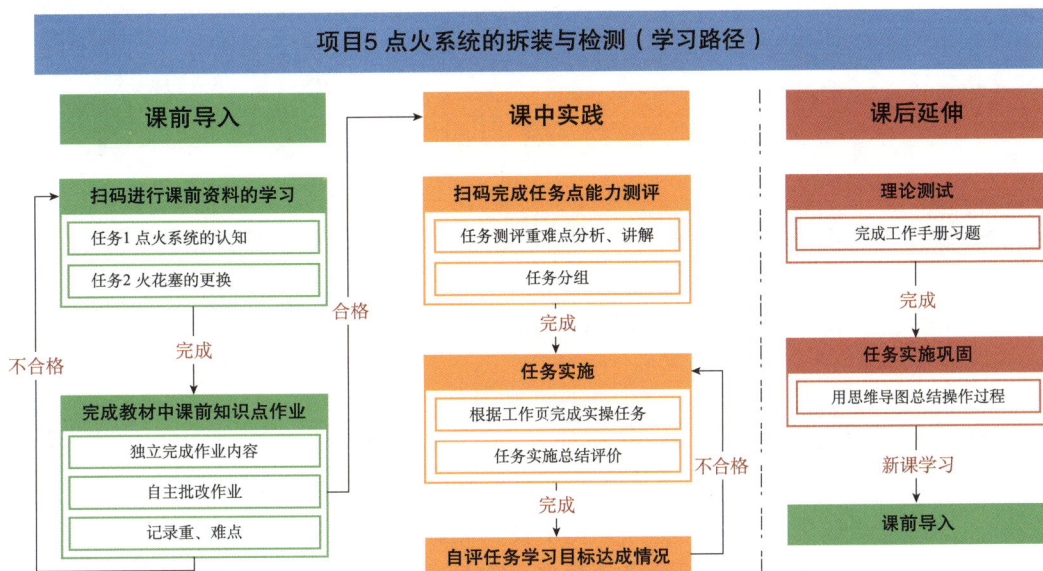

学习目标

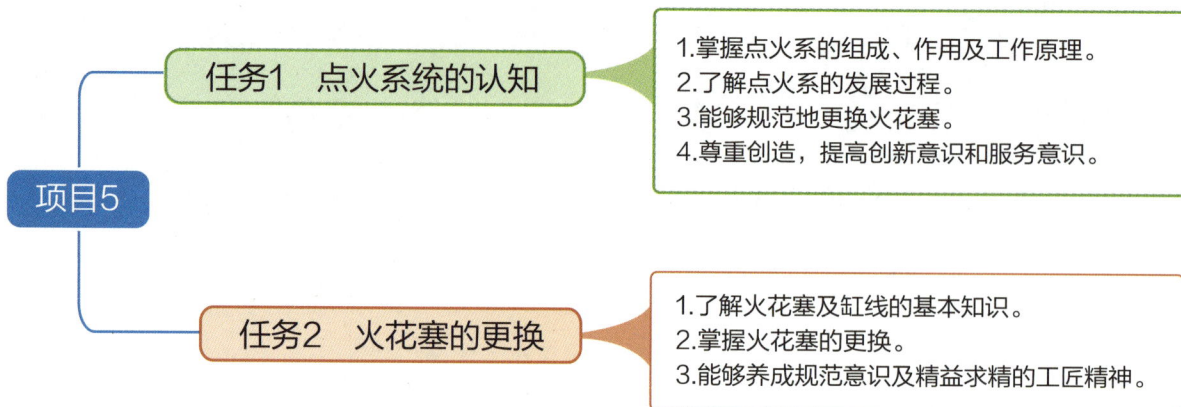

任务1　点火系统的认知
- 1.掌握点火系的组成、作用及工作原理。
- 2.了解点火系的发展过程。
- 3.能够规范地更换火花塞。
- 4.尊重创造，提高创新意识和服务意识。

项目5

任务2　火花塞的更换
- 1.了解火花塞及缸线的基本知识。
- 2.掌握火花塞的更换。
- 3.能够养成规范意识及精益求精的工匠精神。

任务 1　点火系统的认知

任务案例

某品牌 4S 店接到维修车辆，据车主反映，车辆近期出现发动机异常抖动的情况。经维修人员诊断确定为该车发动机点火系统存在故障，导致发动机 3 缸出现间歇性缺火进而引发发动机出现异常抖动的现象。

课前导入

同学们，为了完成本次工作任务，请在课前利用多种途径查阅资料预习相关知识点，也可扫一扫右方二维码进行课前资料学习，熟悉相关应知应会知识点，并完成下面的学习任务。

课前学习资料

知识点 1　发动机对点火系的要求

在发动机不同工况和使用条件下，点火系统都应保证可靠而准确地点燃混合气。为此，点火装置应满足下列三个基本要求。

1. 能产生足以击穿火花塞间隙的电压

发动机正常工作时，击穿火花塞间隙的电压一般在 10kV 左右，而在低温起动时，由于火花塞电极温度低，气缸内的温度与压力均低，混合气雾化不良，因此，击穿火花塞间隙电压需要在 19kV 以上。为了保证发动机点火的可靠性，点火系统必须要有一定的次级电压储蓄。但过高的次级电压，将造成线路绝缘困难，使成本提高。一般点火系统的次级电压设计能力为 30kV，或者稍高一些。

2. 电火花应具有足够的能量

要使混合气可靠点燃，火花塞产生的电火花必须要具有一定的能量。发动机正常工作时，由于混合气压缩终止的温度已接近其自燃温度，因此，所需的电火花能量很小（1～5MJ）。但发动机在低温起动时，因为混合气雾化不良，所以需较高的电火花能量。为了保证发动机可靠点火，一般应保证火花塞跳火时有 100MJ 以上的电火花能量。

3. 点火时刻应适应发动机的工况

首先，点火系统应按发动机的工作顺序进行点火。一般六缸发动机的点火顺序为 1—5—3—6—2—4，四缸发动机的点火顺序为 1—3—4—2，部分发动机点火顺序有差异的应以制造厂家提供的技术数据为准。其次，必须在最有利的时刻进行点火。

小试牛刀

1. 火花塞电极间隙越大，火花塞击穿电压 _____。
2. 点火系统的点火顺序应按发动机的 _____ 进行点火。

知识点 2　点火系统的发展

1. 传统点火系统

传统点火系统由电源、点火开关、点火线圈及附加电阻、分电器（包括断电触点、配电器和点火提前机构）、火花塞和高低压导线等组成，如图 5-1-1 所示。

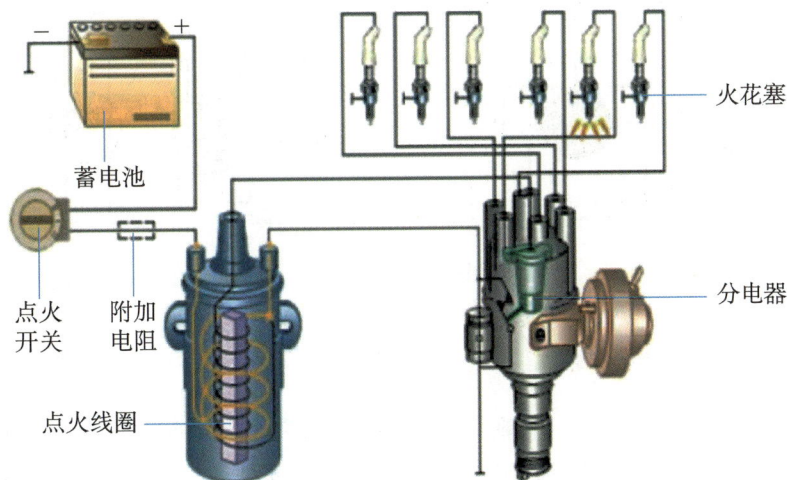

图 5-1-1　传统点火系统的组成

（1）电源：点火系统的电源是蓄电池或发电机，作用是供给点火系统所需的电能。

（2）点火开关：接通或断开点火系统初级电路，控制发动机起动、工作和熄火。

（3）点火线圈：点火线圈如图 5-1-2 所示，将汽车电源提供的 12V 低压电转变成能击穿火花塞电极间隙的 15～20kV 的高压直流电。按其磁路结构形式的不同，点火线圈一般分为开磁路式和闭磁路式两种。

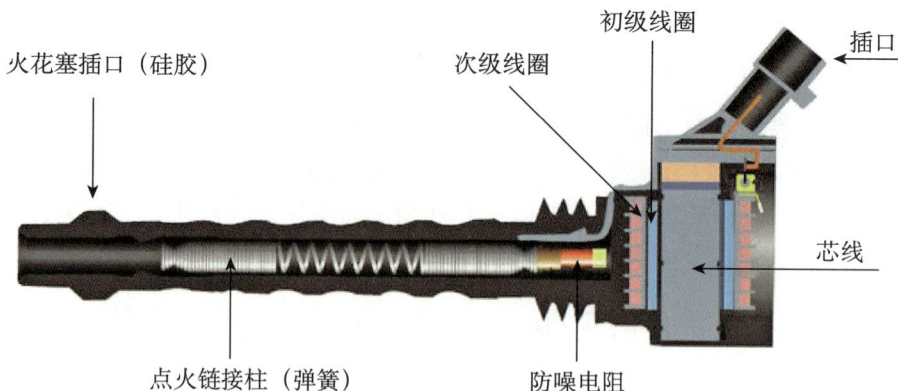

图 5-1-2 点火线圈

（4）分电器（见图 5-1-3）：点火系统分电器总成主要由配电器、断电器、电容器、点火提前机构等部件组成。

（5）高压导线：用以连接点火线圈与分电器中心插孔以及分电器旁电极和各缸火花塞。

（6）火花塞：火花塞的作用是将高压电引入气缸燃烧室，产生电火花点燃可燃混合气。

（7）附加电阻：附加电阻的作用是改善正常工作时的点火性能和起动时的点火性能。

传统点火系统的工作过程：

（1）触点闭合，初级绕组（见图 5-1-4）电流增长（20ms 达最大值）。

（2）触点分开，次级绕组（见图 5-1-5）中因电磁感应产生高压电。

图 5-1-3 分电器

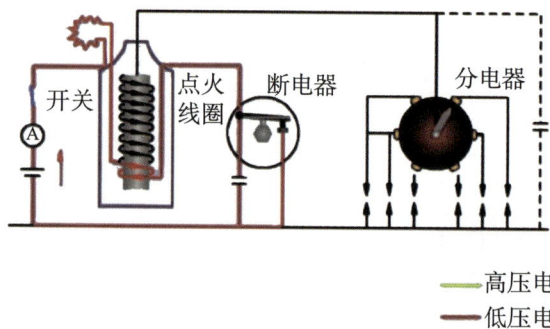

图 5-1-4 低压电路（初级绕组）

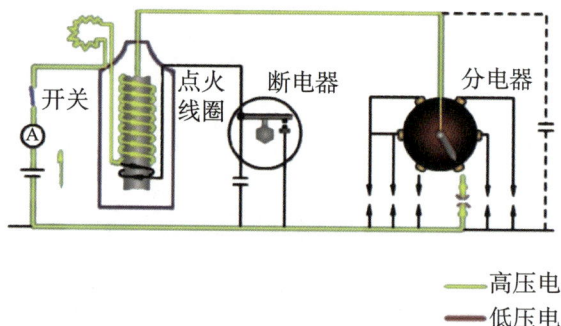

图 5-1-5 高压电路（次级绕组）

当触点分开，初级绕组电路切断，电流迅速下降为 0，在初级绕组和次级绕组中产生感应电动势，初级绕组匝数少，产生 200～300V 的自感电动势；次级绕组匝数多，产生 15～20kV 的互感电动势。

（3）火花塞电极间隙被击穿，产生电火花。

2. 电子点火系统

电子点火系统（也称半导体点火系统）由电源、点火开关、点火线圈、分电器、点火信号发生器、点火控制器及火花塞等组成，如图 5-1-6 所示。它是利用晶体三极管的开关作用，取代传统点火系统中的断电器触点，以控制点火线圈初级电路的通断，使点火系统工作。

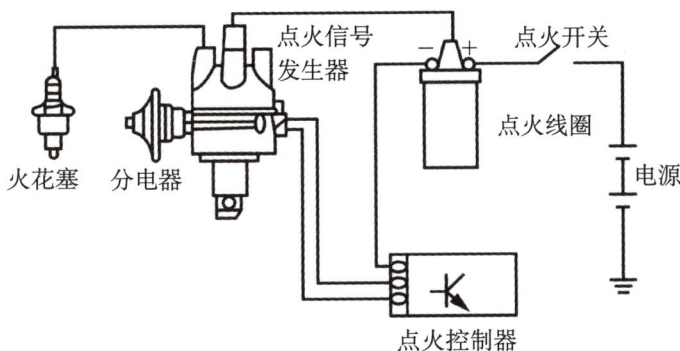

图 5-1-6　电子点火系统的组成

（1）电子点火系统按照储能方式的不同可以分为电感式点火系统和电容式点火系统两大类。

前者的储能元件是点火线圈，后者的储能元件是电容器。电容式点火系统的特点是次级电压上升速率快，几乎不受发动机转速的影响，且对火花塞积炭不敏感。但其结构复杂、制造成本高，多用于高档赛车，在普通汽车上应用较少。

（2）电子点火系统按点火信号发生器的不同又可分为磁感应式、霍尔式、光电式、电磁振荡式电子点火系统，其中前两种应用较为广泛。

3. 计算机控制点火系统

现代汽车电控燃油喷射式发动机均已采用微型计算机控制点火系统（ESA），与电子点火系统的不同之处为利用微型计算机接收各传感器信号（主要为曲轴位置传感器或凸轮轴位置传感器信号），以进行点火正时、点火提前及发动机在各种运转状况时的点火时间修正。

微机控制的点火系统分为有分电器微机控制的点火系统和无分电器微机控制的点火系统两类。

（1）有分电器微机控制点火系统由电源、点火开关、电子控制单元（ECU）、点火控制器、点火线圈、分电器、火花塞、高压线和各种传感器等组成，如图 5-1-7 所示。

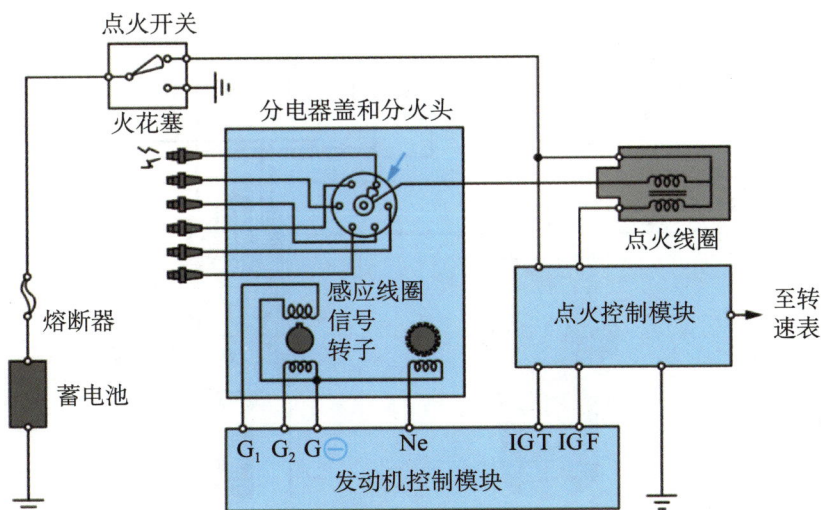

图 5-1-7　有分电器微机控制点火系统的组成示意图

（2）无分电器微机控制点火系统由电源、点火开关、电子控制单元（ECU）、点火控制器、点火线圈、火花塞、高压线和各种传感器等组成，如图 5-1-8 所示。有的无分电器点火系统还将点火线圈直接安装在火花塞上方，取消或隐藏了高压线。

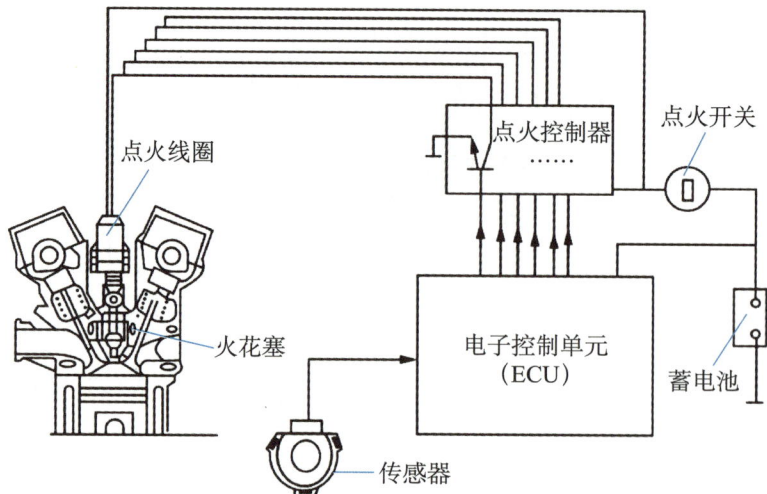

图 5-1-8　无分电器微机控制点火系统的组成示意图

小试牛刀

1. 点火系统有 _____、_____ 和 _____ 三类。

2. 传统点火系统主要由电源、点火线圈、_____、点火开关、火花塞、附加电阻及附加电阻短接开关、高低压导线等部件组成。

3. 计算机控制的无分电器点火系统由电源、点火开关、_____、点火控制器、点火线圈、火花塞、高压线和各种传感器组成。

4. 分电器总成由 _____、电容器、真空点火提前装置及离心点火提前装置组成。

5. 完成下图空缺部件名称 1-_____，2-_____，3-_____，4-_____。

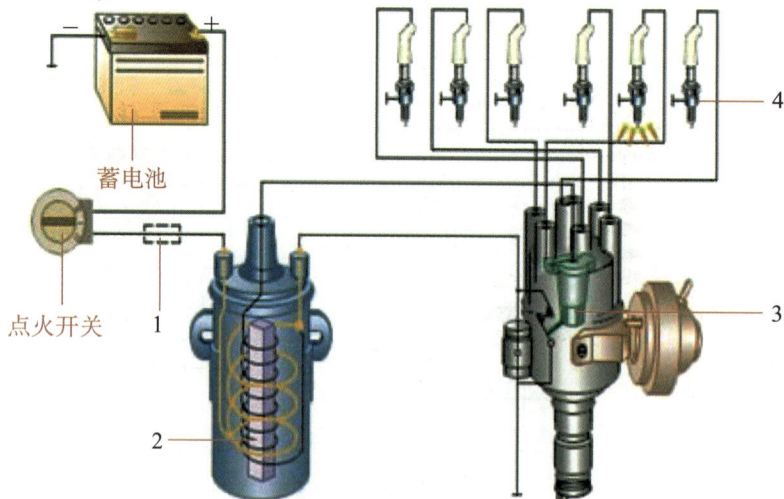

课中实践

一　能力测评

请扫码完成相应的能力测评。

二　工作任务

1. 任务分组

班级		组号		指导老师	
组长		承担任务			
组员及分工	姓名	承担任务	姓名	承担任务	

2. 任务实践

作业内容	图解	技术提要
1. 任务准备	 	1. 设备：点火系统示教板、整车（桑塔纳、卡罗拉、科鲁兹） 2. 工具：手电筒 3. 辅助材料：三件套、翼子板布、抹布若干
2. 利用示教板认识点火系统的各部件		找到点火系统各部件并说出其作用

作业内容	图解	技术提要
3. 桑塔纳点火线圈		找出桑塔纳整车上点火线圈的位置
4. 桑塔纳分缸线		找出桑塔纳整车上分缸线的位置
5. 桑塔纳火花塞		找出桑塔纳整车上火花塞的位置
6. 卡罗拉点火线圈		找出卡罗拉整车上点火线圈的位置
7. 卡罗拉火花塞		找出卡罗拉整车上火花塞的位置

续表

作业内容	图解	技术提要
8.科鲁兹点火线圈		找出科鲁兹整车上点火系统各部件的位置
9.科鲁兹火花塞		找出科鲁兹整车上火花塞的位置
10.5S 管理		按照技术要求完成 5S 项目

3. 实施总结

评价内容	赋分	序号	具体指标	分值	得分		
					自评	组评	师评
仪容仪表	15	1	工作服、鞋、胸卡穿戴整洁	5			
		2	发型、指甲等符合工作要求	5			
		3	不佩戴首饰、钥匙、手表等	5			
学习及工作过程	60	4	点火系统的类型、组成及作用	10			
		5	点火系统各部件的作用	5			
		6	认识点火系统的各部件	10			
		7	找出桑塔纳点火线圈	5			
		8	找出桑塔纳分缸线	5			
		9	找出桑塔纳火花塞	5			

评价内容	赋分	序号	具体指标	分值	得分		
					自评	组评	师评
学习及工作过程		10	找出卡罗拉点火线圈	5			
		11	找出卡罗拉火花塞	5			
		12	找出科鲁兹点火线圈	5			
		13	找出科鲁兹火花塞	5			
职业素养	25	14	坚持出勤，遵守规章制度	5			
		15	服从安排，积极参加组内活动	5			
		16	在规定时间完成，认真填写工单	5			
		17	节约用水、用电、用气，注意环保	5			
		18	执行 5S 工作	5			
综合得分				100			
总结反馈	团队分工与合作的方面						
	熟练掌握与运用的方面						
	需要巩固与提升的方面						
	改进措施与路径的方面						

三　学习目标达成情况

序号	学习内容（知识、技能、行为习惯、职业素养）	评价标准			
		了解知道	理解掌握	指导下操作	独立操作

课后延伸

一 理论测试

扫码完成理论测试。

二 任务实施巩固

要求：对操作过程用思维导图方法进行总结。

任务 2　火花塞的更换

任务案例

某品牌 4S 店接到维修车辆，据车主反映，车辆近期出现发动机异常抖动的情况，经维修人员诊断，确定为该车发动机点火系统存在故障，导致发动机 3 缸出现间歇性缺火进而引发发动机出现异常抖动的现象，经拆检在 3 缸火花塞上发现严重积碳，在内窥镜帮助下发现 3 缸活塞头部和进气门等处有严重积碳，3 缸表面有明显划痕。

课前导入

火花塞如图 5-2-1 所示。它的作用是把高压导线送来的脉冲高压电放电，击穿火花塞两电极间空气，产生电火花以此引燃气缸内的混合气体。

课前学习资料

图 5-2-1　火花塞

知识点 1　常用火花塞的结构类型

常用火花塞的类型如图 5-2-2 所示。

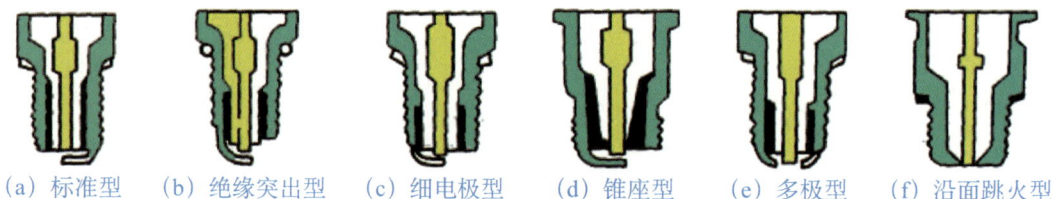

(a) 标准型　(b) 绝缘突出型　(c) 细电极型　(d) 锥座型　(e) 多极型　(f) 沿面跳火型

图 5-2-2　火花塞的类型

1. 标准型火花塞

标准型火花塞绝缘体裙部略缩入壳体端面，侧电极在壳体端面以外，是使用最广泛的一种。

2. 绝缘突出型火花塞

绝缘突出型火花塞绝缘体裙部较长，突出于壳体端面以外。它具有吸热量大、抗污能力好等优点，且能直接受到进气的冷却而降低温度，因而也不易引起炽热点火，故热适应范围宽。

3. 细电极型火花塞

细电极型火花塞电极很细，特点是火花强烈，点火能力好，在严寒季节能保证发动机迅速可靠地起动，热范围较宽，能满足多种用途。

4. 锥座型火花塞

锥座型火花塞壳体和旋入螺纹制成锥形，因此不用垫圈即可保持良好密封，从而缩小了火花塞体积，对发动机的设计更为有利。

5. 多极型火花塞

多极型火花塞侧电极一般为两个或两个以上，优点是点火可靠，间隙不需经常调整，故在一些电极容易烧蚀和火花塞间隙不能经常调节的汽油机上常常采用。

6. 沿面跳火型火花塞

沿面跳火型火花塞中心电极与壳体端面之间的间隙是同心的。此外，为了抑制汽车点火系统对无线电的干扰，又生产了电阻型和屏蔽型火花塞。电阻型火花塞是在火花塞内装有 5～10kΩ 的电阻；屏蔽型火花塞是利用金属壳体把整个火花塞屏蔽密封起来。屏蔽型火花塞不仅可以防止无线电干扰，还可用于防水、防爆的场合。

小试牛刀

通过知识点 1 完成以下任务。

(a) ＿＿＿＿＿＿ 型 ； (b) ＿＿＿＿＿＿ 型 ； (c) ＿＿＿＿＿＿ 型 ；

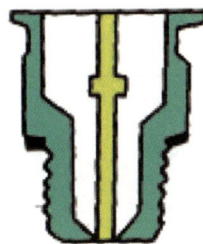

(d) ＿＿＿＿＿＿ 型 ； (e) ＿＿＿＿＿＿ 型 ； (f) ＿＿＿＿＿＿ 型 。

知识点 2 火花塞的间隙

火花塞的电极间隙一般为 0.6～0.8mm，近年来为适应发动机排气净化的要求，采用稀混合气燃烧，火花塞电极间隙有增大的趋势，有的已增大至1.0~1.2mm，如图5-2-3所示。

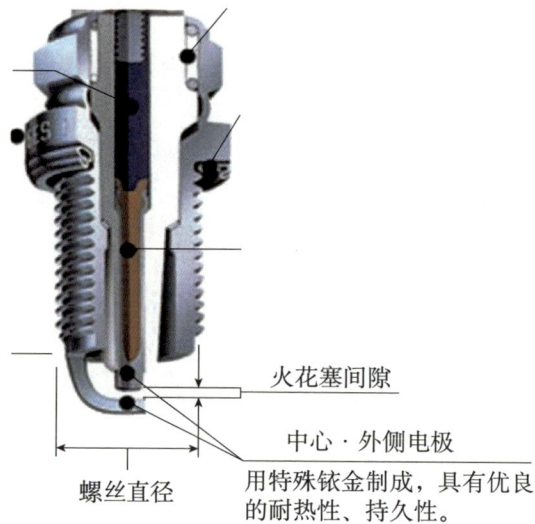

火花塞间隙
中心·外侧电极
用特殊铱金制成，具有优良的耐热性、持久性。
螺丝直径

图5-2-3 火花塞的间隙

小试牛刀

请讨论：火花塞间隙异常对发动机性能有何影响?

_____

_____

_____

_____

_____

_____

_____

知识点 3 火花塞的热值

在某一种发动机运转的全工况中，若火花塞绝缘体裙部能保持在自净温度和上限温度之间，则火花塞对该发动机是适应的，超过此温度范围，火花塞将失去功能。这种性能称为火花塞的"热特性"。火花塞的适应温度范围称为"热范围"。

一般用热值来表示火花塞的热特性。热值的定性描述分为"热型"和"冷型"。热值数字越高，表明火花塞越冷。冷型与热型火花塞特点及适用场合见表5-2-1。

表 5-2-1　冷型与热型火花塞的特点及适用场合

火花塞类型	特点	适用场合
冷型	裙部较短，吸热少，散热易，温度低	适用于大功率、高压缩比、高转速的发动机
热型	裙部较长，吸热多，散热难，温度高	适用于小功率、转速和压缩比较低的发动机

小试牛刀

请讨论：火花塞热值如何区分？分别适用于什么场合？请列举几款发动机并说明具体的火花塞类型？

_____

_____

_____

_____

_____

知识点 4　火花塞的常见故障

通常火花塞使用寿命为 15000km，长效火花塞使用寿命为 30000km。发动机工作时，火花塞绝缘体裙部的温度应保持在 500～600℃。如果温度过低，绝缘体容易积炭，可能引起漏电而产生缺火现象；如果温度过高，易引起早燃和爆震。

1. 火花塞严重烧蚀

如图 5-2-4 所示，火花塞顶端起疤、破坏、电极熔化和烧蚀等都表明火花塞已经毁坏，应更换。更换时应检查烧蚀的症状以及颜色的变化，以便分析产生故障的原因。

2. 火花塞有沉积物

如图 5-2-5 所示，火花塞绝缘体的顶端和电极间有时会粘有沉积物，严重时会造成发动机不能工作，此时清洁火花塞可暂时得到补救。为了保持良好的性能，必须查明故障根源。

图 5-2-4　火花塞烧蚀

图 5-2-5　火花塞积炭

🛞 小试牛刀

1.通常火花塞使用寿命为 _____ km。
2.要使发动机正常工作，火花塞自净温度应保持在 _____ ℃。
3.请讨论：火花塞常见故障有哪些？各类型故障对发动机性能有何影响？

_____

_____

_____

_____

_____

_____

🚗 知识点 5 火花塞的清洁

如火花塞上有积炭、积油等时，可用汽油或煤油、丙酮溶剂浸泡，待积炭软化后，用非金属刷刷净电极上和瓷芯与壳体空腔内的积炭，用压缩空气吹干，切不可用刀刮、砂纸打磨或蘸汽油烧，以防损坏电极和瓷质绝缘体。

🛞 小试牛刀

1.现在市场上常见的火花塞电极材质有铜、_____、_____、_____ 四种。
2.如火花塞上有积炭、积油等时，可用（　　）方法处理。
  A.用刀刮 　　　　　　　　　　B.砂纸打磨
  C.蘸汽油烧 　　　　　　　　　D.汽油浸泡后用压缩空气吹干

▶ 课中实践

一　能力测评

请扫码完成相应的能力测评。

二　工作任务

1.任务分组

班级			组号		指导老师	
组长			承担任务			
组员及分工		姓名	承担任务		姓名	承担任务

2.任务实践

内容	图解	技术规范
1.任务准备		1.设备：科鲁兹整车 2.工具：点火线圈拆装工具、世达工具、工具车 3.辅助材料：抹布
2.断开蓄电池负极电缆		1.用 _____ 套筒旋松蓄电池负极电缆螺母 2.取下蓄电池负极电缆，并用 _____ 包裹极柱和负极线
3.拆下发动机线束导管		将发动机线束导管从气缸盖上拆下

内容	图解	技术规范
4.断开点火线圈插头		按下插头锁扣拔下点火线圈插头
5.拆下点火线圈保护罩		沿箭头方向拆下点火线圈保护罩
6.拆下点火线圈固定螺栓		用_____号扳手拆下 2 个点火线圈螺栓
7.取出点火线圈		用_____工具旋入点火线圈,向上取出点火线圈,摆放时不要磕碰点火线圈

内容	图解	技术规范
8. 取出火花塞		用 _____ 号火花塞拆装专用套筒预松火花塞，取出火花塞
9. 目视检查火花塞		1. 目视检查火花塞使用情况 2. 棕色至浅灰褐色且带少量白色粉状沉积物，是 _____ 形成的 3. 干燥、蓬松的黑炭或烟灰是 _____ 形成的
10. 安装火花塞		用 _____ 号火花塞拆装专用套筒安装火花塞，拧紧力矩为 _____ N·m
11. 安装点火线圈		用 _____ 号内花键套筒安装点火线圈，拧紧力矩为 _____ N·m

内容	图解	技术规范
12. 安装点火线圈盖		沿箭头方向安装点火线圈保护罩，确保安装牢固
13. 连接点火线圈插头		连接点火线圈插头，复位插头锁扣 发动机线束导管　点火线圈插头
14. 安装发动机线束导管		将发动机线束导管安装在气缸盖固定槽中 发动机线束导管　点火线圈插头
15. 连接蓄电池负极		清理负极柱及负极线表面绝缘胶带，用_____号套筒紧固蓄电池负极电缆螺母。拧紧力矩为_____ N·m 蓄电池负极电缆螺母 蓄电池负极电缆

续表

内容	图解	技术规范
16.5S 管理		按照技术要求完成 5S 项目

3. 实施总结

评价内容	赋分	序号	具体指标	分值	得分		
					自评	组评	师评
仪容仪表	15	1	工作服、鞋、胸卡穿戴整洁	5			
		2	发型、指甲等符合工作要求	5			
		3	不佩戴首饰、钥匙、手表等	5			
学习及工作过程	65	4	前期准备	5			
		5	断开蓄电池负极电缆	5			
		6	拆下线束导管与点火线圈插头	5			
		7	拆下点火线圈保护罩	5			
		8	拆下点火线圈固定螺栓	5			
		9	取出点火线圈	5			
		10	取出火花塞	5			
		11	目视检查火花塞	5			
		12	安装火花塞	5			
		13	安装点火线圈与点火线圈盖	5			
		14	连接点火线圈插头	5			
		15	安装发动机线束导管	5			
		16	连接蓄电池负极	5			
职业素养	20	17	坚持出勤，遵守规章制度	5			
		18	服从安排，积极参加组内活动	5			
		19	在规定时间完成，认真填写工单	5			
		20	执行 5S 工作	5			
综合得分				100			

续表

评价内容	赋分	序号	具体指标	分值	得分		
					自评	组评	师评
总结反馈			团队分工与合作的方面				
			熟练掌握与运用的方面				
			需要巩固与提升的方面				
			改进措施与路径的方面				

三 学习目标达成情况

序号	学习内容（知识、技能、行为习惯、职业素养）	评价标准			
		了解知道	理解掌握	指导下操作	独立操作

课后延伸

一 理论测试

扫码完成理论测试。

二 任务实施巩固

要求：对操作过程用思维导图方法进行总结。

汽车技术专业项目化课程评价

同学们，本项目学习结束了，感谢你始终如一地努力学习和积极配合。为了能使我们不断地作出改进，提高专业教学效果，我们珍视各种建议、创意和批评。为此，我们很乐于了解你对本项目学习的真实看法。当然，这一过程中所收集的数据采用不记名的方式，我们都将保密，且不会透漏给第三方。对于有些问题，只需打"√"作出选择，有些问题，则请以几个关键词给出一个简单的答案。

项目名称：＿＿＿＿＿　教师姓名：＿＿＿＿＿

课程时间：　年　月　日—　日　第　周

授课地点：＿＿＿＿＿

	很满意	满意	一般	不满意	很不满意

模块教学组织评价

	很满意	满意	一般	不满意	很不满意
1. 你对实训楼整个教学秩序是否满意？	☐	☐	☐	☐	☐
2. 你对实训楼整个环境卫生状况是否满意？	☐	☐	☐	☐	☐
3. 你对实训楼学生整体的纪律表现是否满意？	☐	☐	☐	☐	☐
4. 你对你们这一小组的总体表现是否满意？	☐	☐	☐	☐	☐
5. 你对这种理实一体的教学模式是否满意？	☐	☐	☐	☐	☐

培训教师评价

	很满意	满意	一般	不满意	很不满意
6. 你如何评价培训教师（总体印象/能力/表达能力/说服力）？	☐	☐	☐	☐	☐
7. 教师组织培训通俗易懂，结构清晰。	☐	☐	☐	☐	☐
8. 教师非常关注学生的反应。	☐	☐	☐	☐	☐
9. 教师能认真指导学生，对任何学生都不放弃。	☐	☐	☐	☐	☐
10. 你对培训氛围是否满意？	☐	☐	☐	☐	☐
11. 你认为理论和实践的比例分配是否合适？	☐	☐	☐	☐	☐
12. 你对教师在岗情况是否满意（上课经常不在培训室、接打手机等）？					

培训内容评价

	很满意	满意	一般	不满意	很不满意
13. 你对培训涉及的题目及内容是否满意？	☐	☐	☐	☐	☐
14. 课程内容是否适合你的知识水平？	☐	☐	☐	☐	☐
15. 培训中使用的各种器材是否丰富？	☐	☐	☐	☐	☐
16. 你对发放的学生手册和学生工作手册是否满意？	☐	☐	☐	☐	☐

请回答下列问题

1. 在培训组织的哪些方面还需要进一步改进？

＿＿＿＿＿＿＿＿＿＿＿＿＿＿＿＿＿＿＿＿＿＿＿＿＿＿＿

＿＿＿＿＿＿＿＿＿＿＿＿＿＿＿＿＿＿＿＿＿＿＿＿＿＿＿

＿＿＿＿＿＿＿＿＿＿＿＿＿＿＿＿＿＿＿＿＿＿＿＿＿＿＿

2. 哪些培训内容你特别感兴趣，为什么？

_____

_____

_____

3. 哪些培训内容你不是特别感兴趣，为什么？

_____

_____

_____

4. 关于培训内容，是否还有你想学但老师这次没有涉及的？如有，请指出。

_____

_____

_____

5. 你对哪些培训内容比较满意？哪些方面还需要进一步改进？

_____

_____

_____

6. 你希望每次活动都给小组留有一定讨论时间吗？你认为多长时间合适？

_____

_____

_____

7. 通过这个项目的学习，你最想对自己说些什么？

_____

_____

_____

8. 通过这个项目的学习，你最想对教授本项目的教师说些什么？

_____

_____

_____

项目 ❻
冷却系统的拆装与检测

📝 项目描述

　　汽车发动机工作时，由于燃料的燃烧，气缸内气体可高达 2200~2800K，这使发动机的零件温度升高，特别是高温气体接触的零件，如不及时冷却则难以保证发动机正常工作，发动机过热或过冷都会给发动机带来危害。冷却系统的功用是将发动机受热零部件吸收的部分热量及时散发出去，保证发动机在适宜的温度状态下工作。

　　通过本项目的学习，要在知识、技能、行为习惯、职业素养等方面达到学思用贯通、知信行统一，养成精益求精的工匠精神、绿色环保的责任意识以及吃苦耐劳的卓越品质，并将尊重创造、敬业奉献、服务人民融入学习生活中。

▦ 学习路径

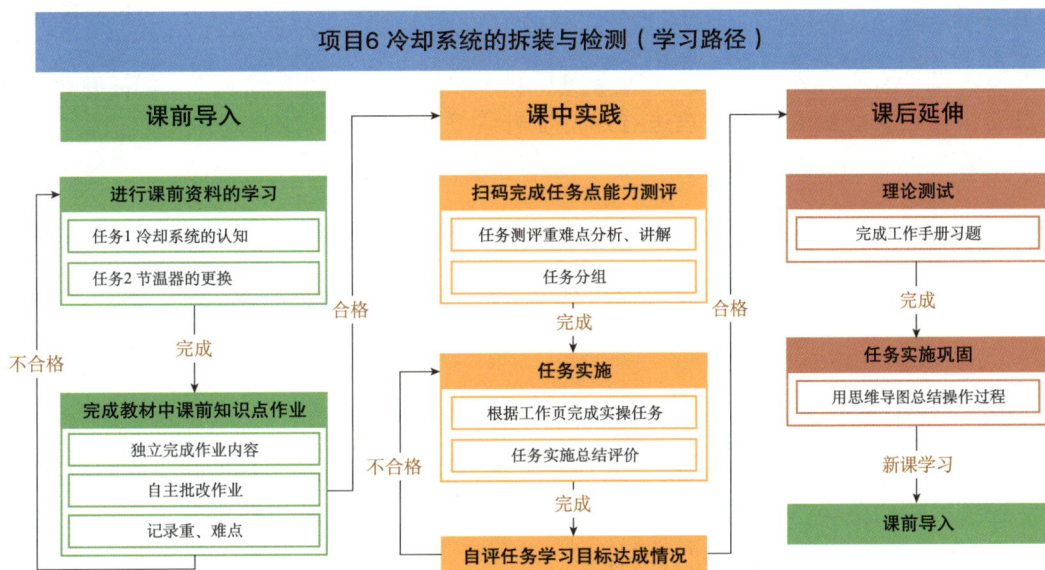

学习目标

项目6

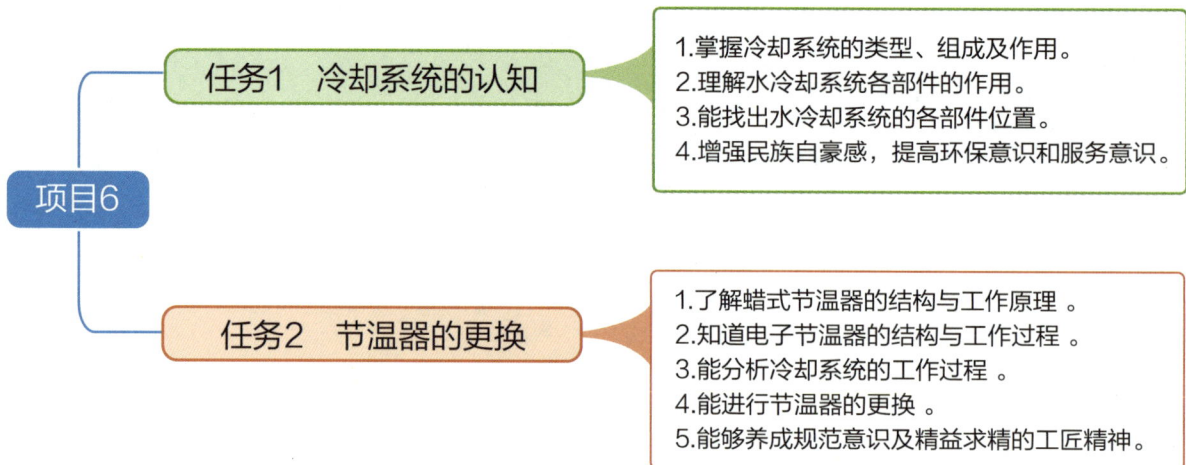

任务1　冷却系统的认知
1.掌握冷却系统的类型、组成及作用。
2.理解水冷却系统各部件的作用。
3.能找出水冷却系统的各部件位置。
4.增强民族自豪感，提高环保意识和服务意识。

任务2　节温器的更换
1.了解蜡式节温器的结构与工作原理。
2.知道电子节温器的结构与工作过程。
3.能分析冷却系统的工作过程。
4.能进行节温器的更换。
5.能够养成规范意识及精益求精的工匠精神。

任务 1　冷却系统的认知

任务案例

　　汽车 4S 店的维修部接到一辆维修轿车，据该车车主反映，车辆行驶过程中仪表盘会显示水温过高报警。根据故障现象，维修人员怀疑该车可能是由于冷却系统故障导致了此现象。对于这种情况如果我们想要进行维修，该掌握哪些必备知识与技能？

课前导入

　　同学们，为了完成本次工作任务，请在课前利用多种途径查阅资料预习相关知识点，也可扫一扫右方二维码进行课前资料学习，熟悉相关应知应会知识点，并完成下面的学习任务。

课前学习资料

知识点 1　冷却系统的功用与类型

1.冷却系统的功用

冷却系统使发动机得到适度冷却，防止发动机过冷、过热，以保证发动机在正常温度范围内工作。

（1）发动机过热的危害：充气效率低，早燃和爆燃易发生，发动机功率下降；润滑油黏度减小、润滑油膜易破裂加剧零件磨损、运动机件易损坏。

（2）发动机过冷的危害：燃烧困难，功率低及油耗高，滑油黏度增大，零件易磨损。

2. 冷却系统的分类

（1）风冷却系统：冷却介质是空气，利用气流使散热片的热量散到大气中。

特点：结构简单、质量较小、升温较快、经济性好；但难以调节，消耗功率大、工作噪声大。

（2）水冷却系统：冷却介质是"水"，通过冷却水的不断循环，从发动机水套中吸收多余的热量，并散发到大气中。

小试牛刀

1. 冷却系统使发动机得到_____，防止发动机_____、_____，以保证发动机在_____范围内工作。

2. 发动机冷却水的最佳工作温度一般是_____℃。

3. 寻找使用水冷和风冷类型发动机的汽车各一款，并描述汽车的品牌及其特点。

_____

_____

_____

_____

知识点 2 水冷却系统的组成

水冷却系统通常由发动机水套、水泵、散热风扇、散热器、节温器、膨胀水箱等组成，如图 6-1-1 所示。

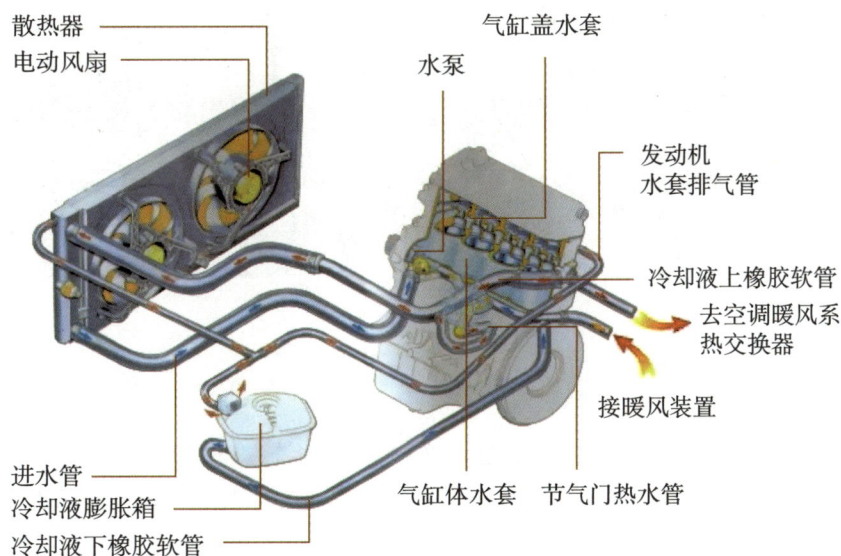

图 6-1-1 桑塔纳轿车水冷却系统的组成

1. 发动机水套

（1）定义：气缸体和气缸盖内的一层水套，是由气缸体和气缸盖的双层壁所形成的空间（见图 6-1-2）。

（2）作用：将发动机燃烧室和缸体内壁的热能，通过热传导转移到冷却液。

图 6-1-2　水套

2. 水泵

（1）功用：对冷却液加压，强制冷却液流动。

（2）类型：汽车发动机广泛采用离心式水泵。

（3）结构组成：水泵体、水泵盖、叶轮、水泵轴、轴承、水封等（如图 6-1-3 所示）。

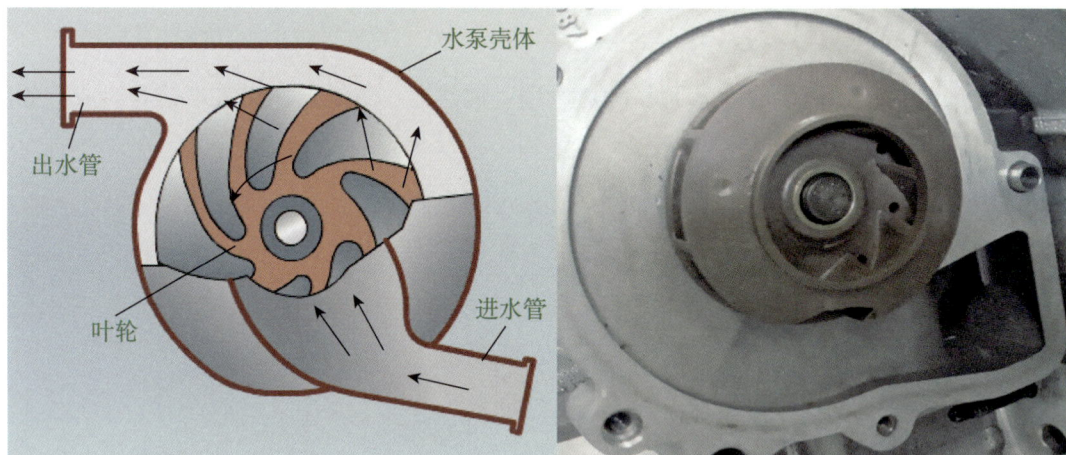

图 6-1-3　水泵

3. 散热器

（1）结构与功用：散热器由进水室、出水室及散热器芯等三部分构成。冷却液在散热器芯内流动，空气在散热器外通过。热的冷却液由于向空气散热而变冷，冷空气则因为吸收冷却液散出的热量而升温。将冷却液的热量散入大气，目的是保护发动机，使其避免因过热造成的破坏（如图 6-1-4 所示）。

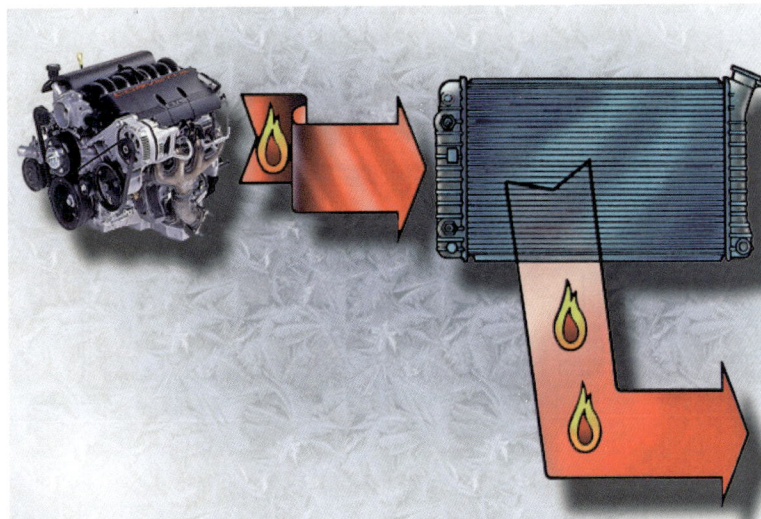

图 6-1-4　散热器

（2）散热器芯类型：管片式、管带式。管片式散热器芯部是由许多细的冷却管和散热片构成，冷却管大多采用扁圆形截面，以减小空气阻力，增加传热面积。管带式散热器是由波纹状散热带和冷却管相间排列经焊接而成，如图 6-1-5 所示。

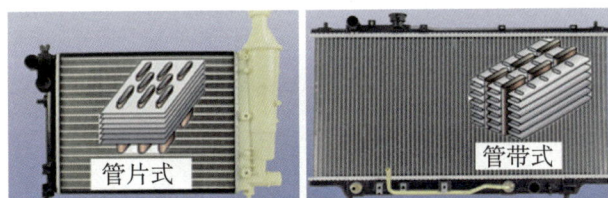

图 6-1-5　散热器芯类型

（3）散热器盖（见图 6-1-6）。散热器盖的作用是密封水冷系统，并调节系统的工作压力，使系统内的压力提高 98～196kPa，冷却液的沸点相应地提高到 120℃左右。

图 6-1-6　散热器盖

当发动机工作时，冷却液的温度逐渐升高。由于冷却液容积膨胀使冷却系统内的压力增高。当压力超过预定值时，压力阀开启，一部分冷却液经溢流管流入补偿水桶，以防止冷却液胀裂散热器。当发动机停机后，冷却液的温度下降，冷却系内的压力也随之降低。当压力降到大气压力以下出现真空时，真空阀开启，补偿水桶内的冷却液部分地流回散热器，这可以避免散热器被大气压力压坏。（见图 6-1-7）

压力阀开启　　　　　　　真空阀开启

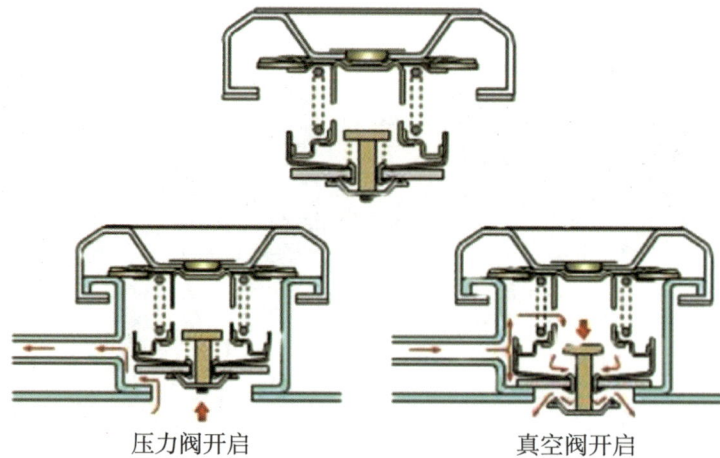

图 6-1-7　散热器盖的工作过程

4. 补偿水桶（膨胀水箱）

（1）功用：减少冷却液的损失，当冷却液受热膨胀后，散热器内多余的冷却液流入补偿水桶；当温度降低后，补偿水桶中的冷却液又被吸入散热器内，因此，冷却液损失很少。

（2）结构：膨胀水箱用橡胶管与散热器相接，由此处加注冷却液（见图 6-1-8）。补偿水桶上印有两条液面高度标记线："MIN"（低）标记与 "MAX"（高）标记，冷却液正常值应在 MAX 和 MIN 之间。

图 6-1-8　补偿水桶（膨胀水箱）

5. 节温器

（1）功用：根据冷却水温度的高低自动调节进入散热器的水量，改变水的循环范围，以调节冷却系统的散热能力，保证发动机在合适的温度范围内工作（见图 6-1-9）。

（2）类型：汽车发动机上常用的节温器主要有折叠式、蜡式和双金属热偶式三种。蜡式节温器具有工作可靠、结构简单、坚固耐用、制造方便、容易大量生产、成本低等优点，因此得到广泛的使用。

6. 散热风扇

（1）功用：促进散热器的通风，提高散热器的热交换能力（见图 6-1-10）。

图 6-1-9　节温器

图 6-1-10　散热风扇图

（2）工作特点：根据冷却液温度，控制风扇转动：普通轿车，当温度为 92～97℃时，风扇以 1 挡运行，风扇转速为 2300r/min；当温度为 99～105℃时，风扇以 2 挡运行，风扇转速为 2800r/min；温度降到 84～91℃时，风扇停转。

　（a）软水　　　　　　　（b）防冻剂　　　　　　　（c）添加剂

图 6-1-11　冷却液组成

7. 冷却液

（1）作用：在发动机冷却系统中循环流动，将发动机工作中产生的多余热能带走，使发动机能以正常工作温度运转。

（2）组成：冷却液由软水、防冻剂、添加剂三部分组成，如图 6-1-11 所示，按防冻剂成分不同可分为酒精型、甘油型、乙二醇型等类型的冷却液，目前所使用的和市场上所出售的冷却液几乎都是这种乙二醇型冷却液。

（3）功能：除了冷却作用外，冷却液还应具有冬季防冻、防腐蚀、防水垢、高沸点四大功能。

小试牛刀

　1. 水泵的功用：_____。

　2. 散热器由_____、_____及_____三部分构成。

　3. 散热器按照散热器芯结构分为_____和_____两种类型。

　4. 总结散热器盖压力阀和真空阀的作用。

_____

_____

　5. 冷却液除了_____外，还应具有_____、防腐蚀、防水垢、_____四大功能。

　6. 冷却水的循环主要由_____来控制。

7. 调研你身边最熟悉的一款车，描述这款车冷却系统的特点，并说明其节温器的类型。

拓展知识

冷却液的标准

2000 年以后，我国汽车行业高速发展，中国汽车保有量在 2020 年超过美国，成为全球保有量最大市场。为适应高速发展，我国执行着一系列标准，其中汽车冷却液执行的国家标准是 GB 29743—2013《机动车发动机冷却液》。

新能源汽车是我国战略性新兴行业之一，经过 20 多年的发展，其产销规模已跃居全球第一。为电动汽车行业的健康发展提供必要的标准支撑，对国内电动汽车冷却液的质量进行规范，以便于电动汽车冷却液的生产与选用，进而促进电动汽车冷却液的有序发展，于 2021 年 11 月 16 日颁布了电动汽车冷却液标准《电动汽车冷却液》NB/SH/T 6047—2021。

课中实践

一 能力测评

请扫码完成相应的能力测评。

二 工作任务

1. 任务分组

班级		组号		指导老师	
组长		承担任务			
组员及分工	姓名	承担任务		姓名	承担任务

2.任务实践

作业内容	图解	技术提要
1.任务准备		1.设备：科鲁兹车2台 2.工具：车轮挡块、翼子板布、前格栅布、电筒、车内三件套
2.认识补偿水桶		1.冷态下查看冷却液液位 2.冷却液的液位在_____之间
3.认识冷却系统补充管和排气管		1.找出补偿水桶的下管——补充管 2.找出补偿水桶的上管——排气管
4.认识散热风扇		1.找出发动机前的冷却风扇 2.注意安全，防止冷却液温度高，冷却风扇自动旋转

作业内容	图解	技术提要
5. 认识散热器		1. 找出散热器 2. 注意区分散热器和冷凝器
6. 认识冷却液出水软管		冷却液通过上方出水软管从发动机_____散热器
7. 认识冷却液进水软管		冷却液通过下方进水软管从散热器_____发动机
8. 认识节温器		1. 找出节温器 2. 科鲁兹的节温器是_____节温器

续表

作业内容	图解	技术提要
9.认识水泵		找出科鲁兹的水泵
10.认识暖风进、出水软管		找出暖风进、出水软管
11.5S 管理		按照技术要求完成 5S 项目

3.实施总结

评价内容	赋分	序号	具体指标	分值	得分		
					自评	组评	师评
仪容仪表	15	1	工作服、鞋、胸卡穿戴整洁	5			
		2	发型、指甲等符合工作要求	5			
		3	不佩戴首饰、钥匙、手表等	5			

续表

评价内容	赋分	序号	具体指标	分值	得分		
					自评	组评	师评
学习及工作过程	60	4	冷却系统的类型、组成及作用	5			
		5	水冷却系统各部件的作用	5			
		6	任务准备	5			
		7	认识补偿水桶	5			
		8	认识冷却系统补充管和排气管	5			
		9	认识散热风扇	5			
		10	认识散热器	5			
		11	认识冷却液出水软管	5			
		12	认识冷却液进水软管	5			
		13	认识节温器	5			
		14	认识水泵	5			
		15	找出暖风进、出水软管	5			
职业素养	25	16	坚持出勤，遵守规章制度	5			
		17	服从安排，积极参加组内活动	5			
		18	在规定时间完成，认真填写工单	5			
		19	节约用水、用电、用气，注意环保	5			
		20	执行 5S 工作	5			
综合得分				100			
总结反馈		团队分工与合作的方面					
		熟练掌握与运用的方面					
		需要巩固与提升的方面					
		改进措施与路径的方面					

三 学习目标达成情况

序号	学习内容（知识、技能、行为习惯、职业素养）	评价标准			
		了解知道	理解掌握	指导下操作	独立操作

续表

课后延伸

一 理论测试

扫码完成理论测试。

二 任务实施巩固

要求：对操作过程用思维导图方法进行总结。

任务 2 节温器的更换

任务案例

汽车 4S 店的维修部接到一辆维修轿车，据该车车主反映，车辆行驶过程中仪表盘会显示水温过高报警。根据故障现象，维修人员怀疑该车可能是由于冷却系统中节温器故障导致了此现象。对于这种情况如果我们想要进行维修，该如何进行？

课前导入

同学们，为了完成本次工作任务，请在课前利用多种途径查阅资料预习相关知识点，也可扫一扫右方二维码进行课前资料学习，熟悉相关应知应会知识点，并完成下面的学习任务。

课前学习资料

知识点 1 发动机冷却系统的工作过程

在水泵作用下，使环绕在气缸水套中的冷却液流动加快，通过车辆行驶中的自然风和散热风扇，将冷却液在散热器中进行冷却，冷却后的冷却液再次引入到水套中，周而复始，实现对发动机的冷却。冷却系统除了对发动机有冷却作用之外，还有"保温"的作用，这个过程是通过节温器实现发动机冷却系统"大小循环"的切换。

1. 小循环

一般当发动机水温低于 76℃时（卡罗拉 84℃），节温器主阀门关闭，副阀门打开，气缸盖水套至散热器的冷却液通道被切断。冷却水由气缸盖水套流出，经过节温器旁通阀、旁通管进入水泵，并经水泵送入气缸体水套。由于冷却水不经散热器散热，可使发动机温度迅速提高（见图 6-2-1）。这种循环方式称为"小循环"。

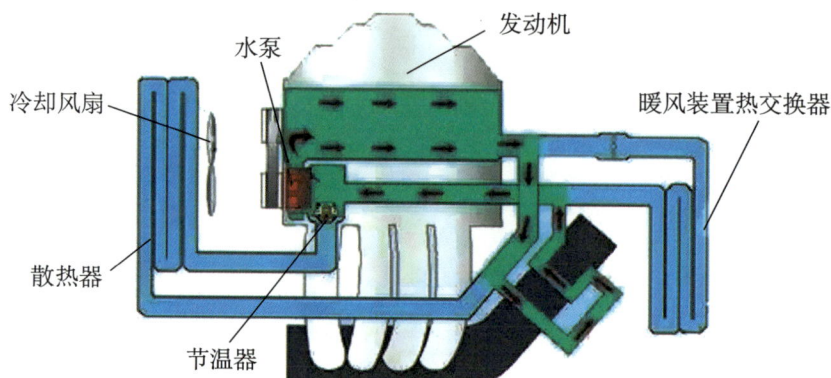

图 6-2-1 小循环

2. 大循环

一般当发动机水温高于 86℃时（卡罗拉 95℃），节温器主阀门打开，副阀门关闭。冷却水全部由主阀门进入散热器散热，水温迅速降低，然后再由水泵送入气缸体水套（见图 6-2-2）。这种循环方式称为"大循环"。

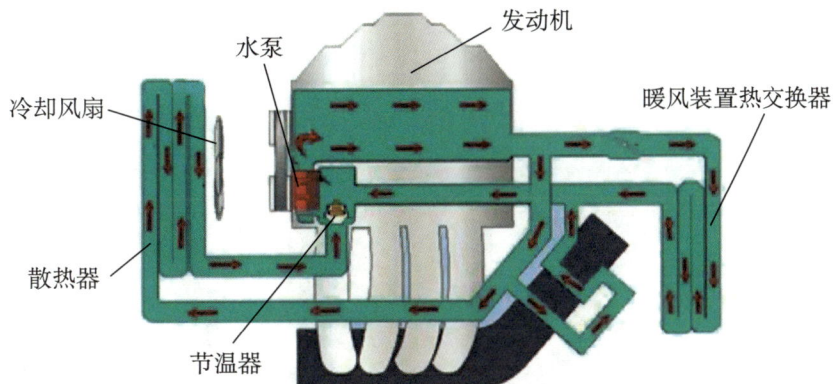

图 6-2-2 大循环

3. 混合循环

一般当水温在 76～86℃之间时（卡罗拉 84～95℃），节温器主阀门和副阀门都处于部分开启状态，此时大、小循环都存在，只有部分冷却水经散热器进行散热。

小试牛刀

1. 冷却系统除了对发动机有冷却之外，还有"＿＿＿＿＿＿"的作用，这个过程是通过节温器实现发动机冷却系统"＿＿＿＿＿＿"的切换。

2. 小循环路线为：＿＿＿

＿＿。

3. 大循环路线为：＿＿＿

＿＿。

知识点 2 蜡式节温器的结构与工作原理

1. 蜡式节温器的结构

蜡式节温器主要由支架、主阀门、副阀门、石蜡、蜡管和弹簧等组成，如图 6-2-3 所示。

2. 工作原理

蜡式节温器是由其内部的石蜡通过热胀冷缩原理来控制冷却液循环方式的。当冷却温度低于规定值时，节温器感温体内的精制石蜡呈固态，节温器阀在弹簧的作用下关闭发动机与散热器之间的通道，冷却液经水泵返回发动机，进行发动机内小循环。当冷却液温度达到规定值后，石蜡开始融化逐渐变为液体，体积随之增大并压迫橡胶管使其收缩，在橡胶管收缩的同时对推杆作用以向上的推力，同时，推杆对阀门有向下的反推力使阀门开启。这时冷却液经由散热器和节温器阀，再经水泵流回发动机，进行大循环，如图 6-2-4 所示。

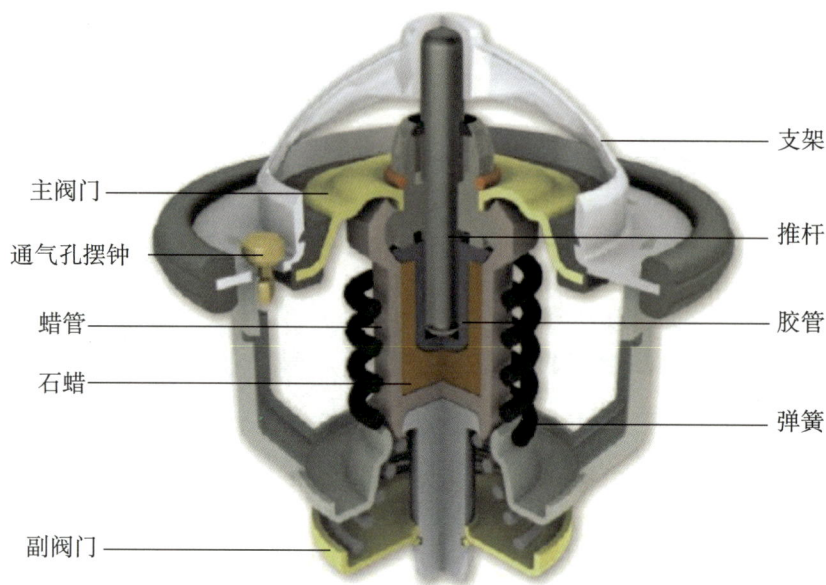

图 6-2-3　蜡式节温器的结构

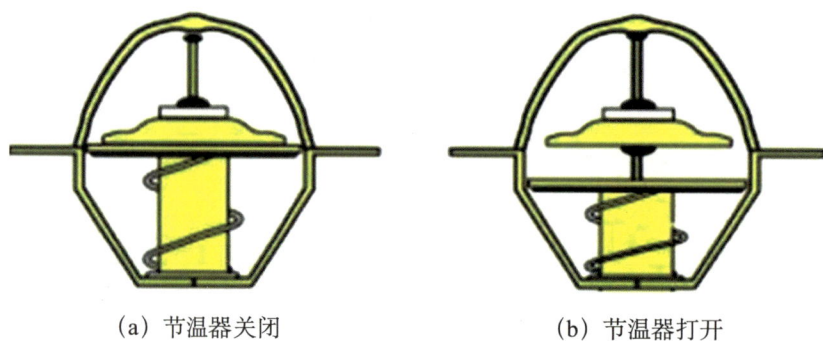

（a）节温器关闭　　　　　　　（b）节温器打开

图 6-2-4　节温器的工作状态

知识点 3　电子节温器

电子节温器（见图 6-2-5）根据发动机的工作状态及环境温度，通过与水泵、电子风扇的匹配可以精确控制内燃机的进出水温度，提高内燃机的功率及燃油的经济性，并降低排放。

（1）电子节温器是在感温的石蜡中，还装有一个加热电阻，阻值约有 12Ω。

（2）冷却液温度控制节温器开启外，加热电阻通电时也可控制节温器开启。

（3）加热电阻是由发动机控制电脑根据温度传感器信号来调节的。

（4）电子节温器工作温度范围广，即使控制信号失效，节温器内部石蜡也可以正常工作，完成冷却系统大小循环的切换。

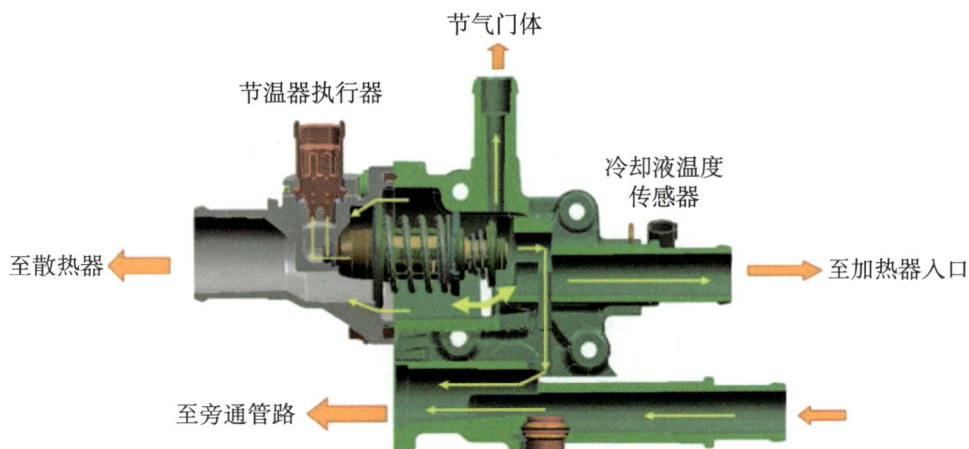

图 6-2-5　电子节温器

小试牛刀

1. 蜡式节温器主要由支架、_____、副阀门、_____、蜡管和_____等组成。

2. 在使用蜡式节温器的冷却系统中，当冷却水温度高于_____℃时，系统进行_____循环；当冷却水温度高于_____℃时，系统进行_____循环。冷却水的流向与流量主要由_____来控制。

3. 电子节温器根据_____的工作状态及_____，通过与水泵、电子风扇的匹配可以精确控制内燃机的进出水温度，提高内燃机的功率及燃油的_____，并降低排放。

4. 电子节温器的特点是在感温的石蜡中，还装有一个_____，阻值约有_____。

5. 节温器根据冷却水温度的高低自动调节进入_____的水量，改变水的_____，以调节冷却系统的_____，保证发动机在合适的温度范围内工作。

6. 冷却液除了_____外，还应具有_____、防腐蚀、防水垢、_____四大功能。

7. 介绍一款使用电子节温器的汽车，并描述其特点。

_____

_____

课中实践

一　能力测评

请扫码完成相应的能力测评。

二 工作任务

1.任务分组

班级		组号		指导老师	
组长		承担任务			
组员及分工	姓名	承担任务		姓名	承担任务

2.任务实践

作业内容	图解	技术提要
1.任务准备		1.设备：科鲁兹车2台、举升机 2.工具：车轮挡块、翼子板布、前格栅布、电筒、车内三件套、常用工具套、积液器、密封胶、引水软管、冷却液、抹布等
2.拆卸膨胀水箱盖		冷车状态的操作
3.举升车辆		1.车辆防护 2.规范操作举升机

作业内容	图解	技术提要
4. 安装散热器排水阀口软管		选择排水阀口直径相符的软管
5. 打开散热器排水阀		逆时针旋转打开
6. 收集冷却液		1. 选择合适的积液器收集冷却液 2. 冷却液排尽后关闭散热器排水阀
7. 拆卸电子节温器连接器		拨开_____，按下连接器卡扣，取下连接器

续表

作业内容	图解	技术提要
8. 拆卸节温器出水管		用_____松开卡箍，拔下出水管
9. 拆卸节温器固定螺栓		分次_____拧松节温器固定螺栓
10. 取出节温器		利用_____轻轻敲击，取下节温器
11. 清洁节温器安装座		用_____清除表面密封胶
12. 更换节温器及密封圈		选择_____型号节温器及密封圈

作业内容	图解	技术提要
13. 节温器安装座涂密封胶		密封胶涂抹均匀
14. 安装节温器		1. 分次_____拧紧节温器固定螺栓 2. 节温器螺栓拧紧扭矩为_____N·m。
15. 安装节温器出水管		将卡箍安装到原痕迹处
16. 安装节温器连接器		锁紧连接器卡扣

续表

作业内容	图解	技术提要
17. 加注冷却液		1. 加注同型号的冷却液 2. 启动发动机排_____ 3. 检查冷却液液面在规定范围内 4. 安装膨胀水箱盖
18. 5S 管理		按照技术要求完成 5S 项目

3. 实施总结

评价内容	赋分	序号	具体指标	分值自评	得分		
					组评	师评	
仪容仪表	15	1	工作服、鞋、胸卡穿戴整洁	5			
		2	发型、指甲等符合工作要求	5			
		3	不佩戴首饰、钥匙、手表等	5			
学习及工作过程	60	4	蜡式节温器的结构与工作原理	5			
		5	电子节温器的结构与工作过程	5			
		6	拆卸膨胀水箱盖	2			
		7	举升车辆	2			
		8	安装散热器排水阀口软管	5			
		9	打开散热器排水阀	2			
		10	收集冷却液	3			
		11	拆卸电子节温器连接器	5			
		12	拆卸节温器出水管	5			
		13	拆卸节温器固定螺栓	2			
		14	取出节温器	2			
		15	清洁节温器安装座	3			
		16	更换节温器及密封圈	3			

评价内容	赋分	序号	具体指标	分值自评	得分		
					组评	师评	
学习及工作过程	60	17	节温器安装座涂密封胶	3			
		18	安装节温器	2			
		19	安装节温器出水管	3			
		20	安装节温器连接器	3			
		21	加注冷却液	5			
职业素养	25	22	坚持出勤，遵守规章制度	5			
		23	服从安排，积极参加组内活动	5			
		24	在规定时间完成，认真填写工单	5			
		25	节约用水、用电、用气，注意环保	5			
		26	执行 5S 工作	5			
综合得分				100			
总结反馈	团队分工与合作的方面						
	熟练掌握与运用的方面						
	需要巩固与提升的方面						
	改进措施与路径的方面						

三 学习目标达成情况

序号	学习内容（知识、技能、行为习惯、职业素养）	评价标准			
		了解知道	理解掌握	指导下操作	独立操作

▶▶ 课后延伸

一　理论测试

扫码完成理论测试。

二　任务实施巩固

要求：对操作过程用思维导图方法进行总结。

汽车技术专业项目化课程评价

同学们，本项目学习结束了，感谢你始终如一地努力学习和积极配合。为了能使我们不断地作出改进，提高专业教学效果，我们珍视各种建议、创意和批评。为此，我们很乐于了解你对本项目学习的真实看法。当然，这一过程中所收集的数据采用不记名的方式，我们都将保密，且不会透漏给第三方。对于有些问题，只需打"√"作出选择，有些问题，则请以几个关键词给出一个简单的答案。

项目名称：　　　　　　　教师姓名：

课程时间：　年　月　日—　日　第　周

授课地点：

	很满意	满意	一般	不满意	很不满意

模块教学组织评价

	很满意	满意	一般	不满意	很不满意
1. 你对实训楼整个教学秩序是否满意？	□	□	□	□	□
2. 你对实训楼整个环境卫生状况是否满意？	□	□	□	□	□
3. 你对实训楼学生整体的纪律表现是否满意？	□	□	□	□	□
4. 你对你们这一小组的总体表现是否满意？	□	□	□	□	□
5. 你对这种理实一体的教学模式是否满意？	□	□	□	□	□

培训教师评价

	很满意	满意	一般	不满意	很不满意
6. 你如何评价培训教师（总体印象 / 能力 / 表达能力 / 说服力）？	□	□	□	□	□
7. 教师组织培训通俗易懂，结构清晰。	□	□	□	□	□
8. 教师非常关注学生的反应。	□	□	□	□	□
9. 教师能认真指导学生，对任何学生都不放弃。	□	□	□	□	□
10. 你对培训氛围是否满意？	□	□	□	□	□
11. 你认为理论和实践的比例分配是否合适？	□	□	□	□	□
12. 你对教师在岗情况是否满意（上课经常不在培训室、接打手机等）？					

培训内容评价

	很满意	满意	一般	不满意	很不满意
13. 你对培训涉及的题目及内容是否满意？	□	□	□	□	□
14. 课程内容是否适合你的知识水平？	□	□	□	□	□
15. 培训中使用的各种器材是否丰富？	□	□	□	□	□
16. 你对发放的学生手册和学生工作手册是否满意？	□	□	□	□	□

请回答下列问题

1. 在培训组织的哪些方面还需要进一步改进？

_____

_____

_____

2. 哪些培训内容你特别感兴趣，为什么？

_____

_____

_____

3. 哪些培训内容你不是特别感兴趣，为什么？

_____

_____

_____

4. 关于培训内容，是否还有你想学但老师这次没有涉及的？如有，请指出。

_____

_____

_____

5. 你对哪些培训内容比较满意？哪些方面还需要进一步改进？

_____

_____

_____

6. 你希望每次活动都给小组留有一定讨论时间吗？你认为多长时间合适？

_____

_____

_____

7. 通过这个项目的学习，你最想对自己说些什么？

_____

_____

_____

8. 通过这个项目的学习，你最想对教授本项目的教师说些什么？

_____

_____

_____

项目 7

润滑系统的拆装与检测

项目描述

发动机最重要的辅助工作系统，它的工作状况，直接决定发动机磨损的大小。发动机工作时，零件相对运动表面必然产生摩擦和磨损，而摩擦产生的阻力，既要消耗动力，阻碍零件的运动，又使零件发热，甚至导致零件工作表面烧损。因此，在零件的摩擦表面必须进行润滑，即在两零件的工作表面之间加入一层润滑油使其形成油膜，将零件完全隔开，处于完全的液体摩擦状态。这样，功率消耗和磨损就会大为减少。

通过本项目的学习，要在知识、技能、行为习惯、职业素养等方面达到学思用贯通、知信行统一，养成精益求精的工匠精神、绿色环保的责任意识以及吃苦耐劳的卓越品质，并将尊重创造、敬业奉献、服务人民融入学习生活中。

学习路径

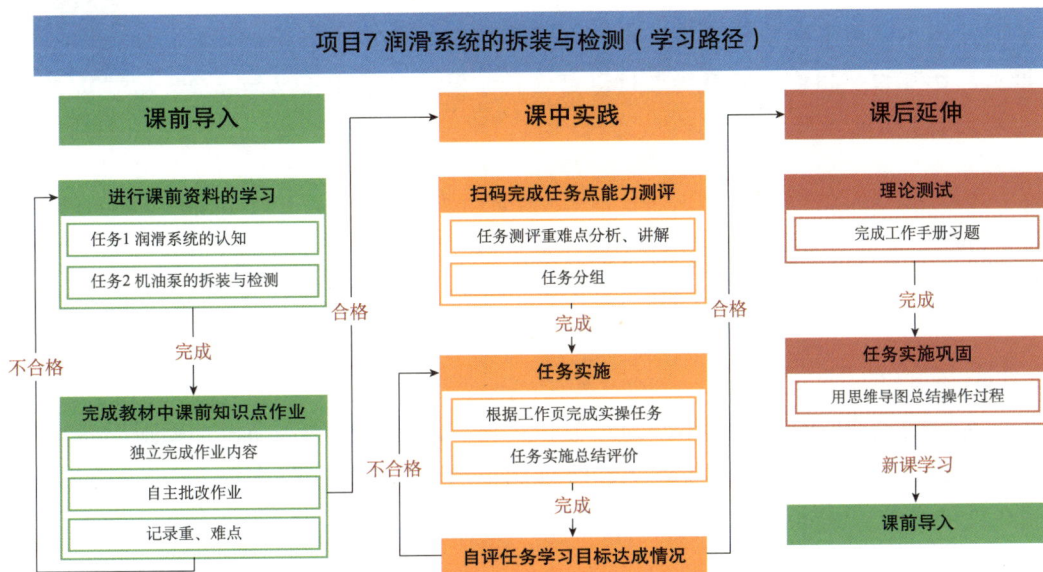

学习目标

项目7

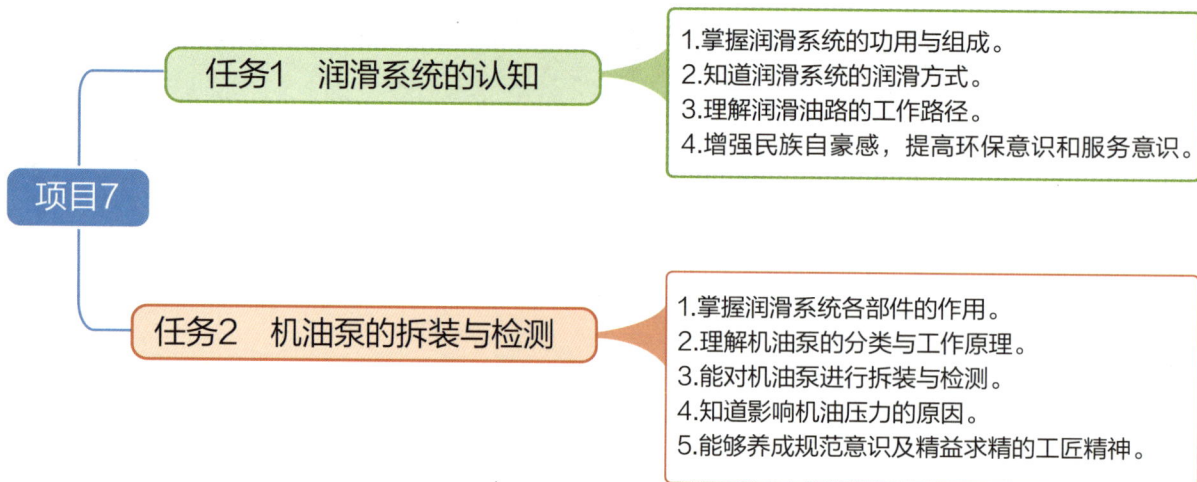

任务1 润滑系统的认知
1.掌握润滑系统的功用与组成。
2.知道润滑系统的润滑方式。
3.理解润滑油路的工作路径。
4.增强民族自豪感，提高环保意识和服务意识。

任务2 机油泵的拆装与检测
1.掌握润滑系统各部件的作用。
2.理解机油泵的分类与工作原理。
3.能对机油泵进行拆装与检测。
4.知道影响机油压力的原因。
5.能够养成规范意识及精益求精的工匠精神。

任务 1 润滑系统的认知

任务案例

汽车4S店的维修部接到一辆维修轿车，据该车车主反映，车辆行驶过程中仪表盘的机油报警灯突然点亮。根据故障现象，维修人员怀疑该车可能是由于润滑系统故障导致了此现象。对于这种情况如果我们想要进行维修，该掌握哪些必备知识与技能？

课前导入

同学们，为了完成本次工作任务，请在课前利用多种途径查阅资料预习相关知识点，也可扫一扫右方二维码进行课前资料学习，熟悉相关应知应会知识点，并完成下面的学习任务。

课前学习资料

知识点 1 润滑系统的功用与组成

1.润滑系统的功用

润滑系统在发动机工作时会连续不断地把数量足够、温度适当的洁净机油输送到各运动零件的表面，并在其间形成油膜，从而减小摩擦阻力、降低功率消耗、减轻机件磨损，以达到提高发动机工作可靠性和耐久性的目的。具体来说，起到以下几个功用。

润滑：在运动零件的所有摩擦表面之间形成连续的油膜，以减小零件之间的摩擦。

密封：利用油膜防止燃气的泄漏。

冷却：润滑油在循环过程中流过零件工作表面，可以降低零件的温度。

清洁：循环的润滑油可以带走摩擦表面产生的金属碎末、杂质等。

防锈：在零件表面形成油膜，防止零件腐蚀生锈。

液压：兼做液压油，起液压作用，如液压挺柱。

2.润滑系统的组成

发动机润滑系统一般由油底壳、机油泵、机油滤清器、限压阀、旁通阀、油道、机油散热器以及机油标尺等组成（见图 7-1-1）。

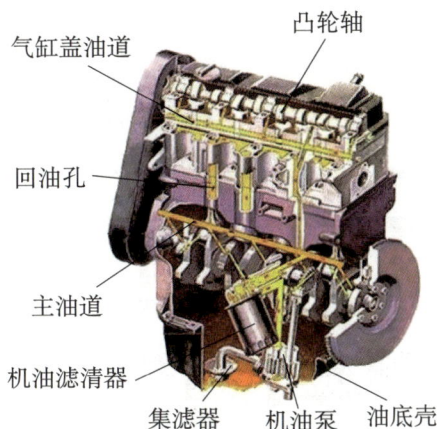

图 7-1-1 润滑系统的组成

小试牛刀

1.发动机工作时，零件相对运动表面必然产生_____和_____，而摩擦产生的阻力，既要消耗_____，阻碍零件的_____，又使零件发热，甚至导致零件_____烧损。

2.润滑系统对零件的摩擦表面进行润滑，即在两零件的_____之间加入一层润滑油使其形成_____，将零件完全隔开，处于完全的_____状态。

3.润滑系统的功能有_____、_____、_____、_____、_____和液压。

4.介绍一款你最喜欢的车，并说明此车的润滑系统有什么样的特点。

_____

_____

_____

_____

知识点 2 润滑系统的工作过程

1. 润滑系统的油路

现代汽车发动机润滑系统的油路大致相同，如图 7-1-2 所示。当发动机工作时，机油从油底壳经集滤器被机油泵送入机油滤清器。机油经滤清器滤清之后进入发动机主油道。机油经主油道分别润滑五个主轴承；主油道的另一条分油道直通凸轮轴轴承润滑油道，分别向凸轮轴轴承供油。

限压阀：当油压超过规定压力时，限压阀打开，机油回油底壳。

旁通阀：滤清器盖上设有旁通阀，当滤清器堵塞时，机油不经过滤清器滤清由旁通阀直接进入主油道。

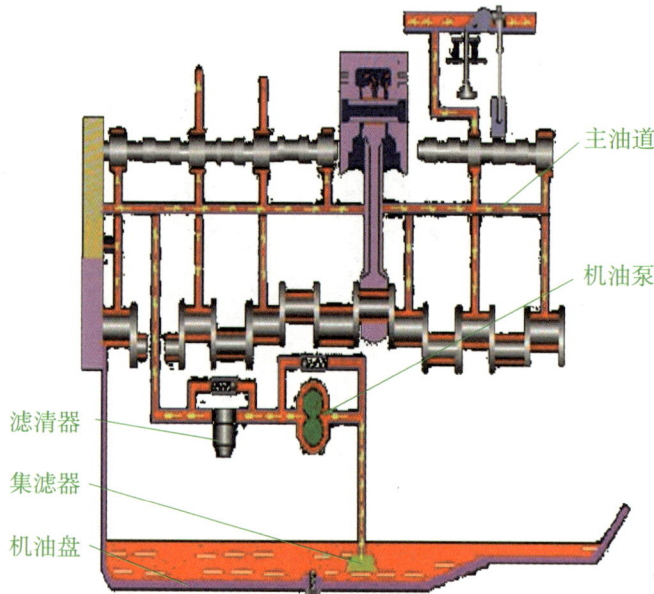

图 7-1-2 润滑油路

2. 发动机的润滑方式

发动机各零件的润滑强度取决于该零件的环境、相对运动速度和承受机械负荷、热负荷的大小。根据润滑强度的不同，发动机润滑系统采用下面几种润滑方式。

（1）压力润滑

利用机油泵，将具有一定压力的润滑油源源不断地送到摩擦面间，形成具有一定厚度并能承受一定机械负荷而不破裂的油膜，尽量将两摩擦零件完全隔开，实现可靠的润滑。

（2）飞溅润滑

飞溅润滑是利用发动机工作时某些运动零件（主要是曲轴与凸轮轴）飞溅起的油滴与油雾，对摩擦表面进行润滑的一种方式。飞溅润滑适合于暴露零件表面，如缸壁、凸轮等；相对运动速度较低的零件，如活塞销等；机械负荷较轻的零件，如挺柱等。气缸壁采用飞溅润滑还可防止由于润滑油压力过高、油量过大，进入燃烧室导致的发动机工作条件恶化。

（3）定期润滑

对一些不太重要、分散的部位，采用定期加注润滑脂的方式进行润滑，如发动机水泵轴承、发电机、起动机等总成的润滑，即采用这种方式。

小试牛刀

1. 润滑油在循环过程中流过零件工作表面，可以降低零件的_____。
2. 润滑油在零件表面形成_____，防止零件_____。
3. 限压阀的作用是当油压超过规定压力时，限压阀_____，机油回_____。
4. 旁通阀的作用是当滤清器_____时，机油不经过滤清器由旁通阀直接进入_____。
5. 根据右图写出润滑系统的工作路径。

_____
_____
_____
_____
_____
_____
_____
_____
_____
_____
_____
_____
_____
_____
_____
_____
_____
_____

配气凸轮轴
液压挺住
曲轴
回油阀
机油滤清器
限压阀
机油泵
油底壳
机滤清器

拓展知识

"埋头苦干"的中国石油辉煌

新中国成立前，累计探明石油地质储量 0.3 亿吨，1949 年全国石油产量仅有 12 万吨，国内使用的石油产品几乎全部依赖进口。新中国成立以后，很长一段时间我们始终顶着"中国贫油论"的大帽子，甚至美、苏、英、意的知名专家都下了结论："中国无油。"因为美国人找过没找到，苏联人找过没找到，日本人更找过没找到！在中国共产党的领导下，我国地质学家和科学家们没有盲目轻信外国人的结论，没有因为困难而止步。他们以科学理论为指导，继续发扬艰苦创业的精神，科学分析、冷静判断，终于在 1955 年取得第一个突破：发现了克拉玛依油田。1959 年发现了大庆油田，再后来又相继发现了胜利油田、华北油田、辽河油田等大油田。截至 2021 年，我国石油剩余探明可采储量为 36.89 亿吨，原油产量 1.99 亿吨，中国稳居世界第 6 大产油国和第 2 大炼油国。

课中实践

一 能力测评

请扫码完成相应的能力测评。

二 工作任务

1. 任务分组

班级		组号		指导老师	
组长		承担任务			
组员及分工	姓名	承担任务	姓名		承担任务

2. 任务实践

作业内容	图解	技术提要
1. 任务准备		1. 设备：科鲁兹发动机台架 2. 工具：翼子板布、前格栅布、电筒 3. 辅助材料：三件套、标记笔、抹布若干
2. 认识机油尺		机油的液位在_____之间

作业内容	图解	技术提要
3. 识机油滤清器		找出机油滤清器的位置
4. 认识机油散热器		找出机油散热器
5. 认识油底壳及放油螺栓		油底壳放油螺栓拧紧力矩为_____N·m
6. 认识曲轴润滑油道		找出每个曲轴主轴颈和连杆轴颈，均分布润滑油道

续表

作业内容	图解	技术提要
7.认识凸轮轴润滑油道		找出每个凸轮轴轴颈均分布润滑油道
8.5S 管理		按照技术要求完成 5S 项目

3.实施总结

评价内容	赋分	序号	具体指标	分值自评	得分		
					组评	师评	
仪容仪表	15	1	工作服、鞋、胸卡穿戴整洁	5			
		2	发型、指甲等符合工作要求	5			
		3	不佩戴首饰、钥匙、手表等	5			
学习及工作过程	60	4	润滑系统的功用与组成	10			
		5	润滑系统的润滑方式	5			
		6	润滑油路的工作路径	5			
		7	认识机油尺	5			
		8	认识机油滤清器	5			
		9	认识机油散热器	5			
		10	认识油底壳及放油螺栓	5			
		11	认识曲轴润滑油道	10			
		12	认识凸轮轴润滑油道	10			

评价内容	赋分	序号	具体指标	分值自评	得分		
					组评	师评	
职业素养	25	13	坚持出勤，遵守规章制度	5			
		14	服从安排，积极参加组内活动	5			
		15	在规定时间完成，认真填写工单	5			
		16	节约用水、用电、用气，注意环保	5			
		17	执行 5S 工作	5			
综合得分				100			
总结反馈			团队分工与合作的方面				
			熟练掌握与运用的方面				
			需要巩固与提升的方面				
			改进措施与路径的方面				

三　学习目标达成情况

序号	学习内容（知识、技能、行为习惯、职业素养）	评价标准			
		了解知道	理解掌握	指导下操作	独立操作

>> **课后延伸**

一　理论测试

扫码完成理论测试。

二　任务实施巩固

要求：对操作过程用思维导图方法进行总结。

任务 2　机油泵的拆装与检测

任务案例

汽车 4S 店的维修部接到一辆维修轿车，据该车车主反映，车辆行驶过程中仪表盘的机油报警灯突然点亮。根据故障现象，维修人员怀疑该车可能是由于润滑系统的机油泵故障导致了此现象。对于这种情况如果我们想要进行维修，该如何进行维修？

课前导入

同学们，为了完成本次工作任务，请在课前利用多种途径查阅资料预习相关知识点，也可扫一扫右方二维码进行课前资料学习，熟悉相关应知应会知识点，并完成下面的学习任务。

课前学习资料

知识点 1　润滑系统主要零部件

1. 机油泵

机油泵的作用是将机油提高到一定压力后，强制地压送到发动机各零件的运动表面，以保证发动机的良好润滑。机油泵按主要运动件和运动方式分为柱塞泵、齿轮泵和叶片泵，如图 7-2-1 所示，目前发动机润滑系统中广泛采用的是外啮合齿轮式机油泵和内啮合齿轮式机油泵，一般把前者称为齿轮式机油泵。

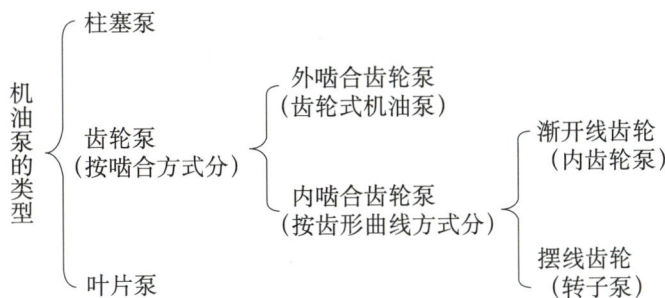

图 7-2-1　机油泵的类型

（1）齿轮式机油泵

①组成：由主动轴、主动齿轮、从动轴、从动齿轮、限压阀、泵体与前后盖等组成，如图 7-2-2 所示。

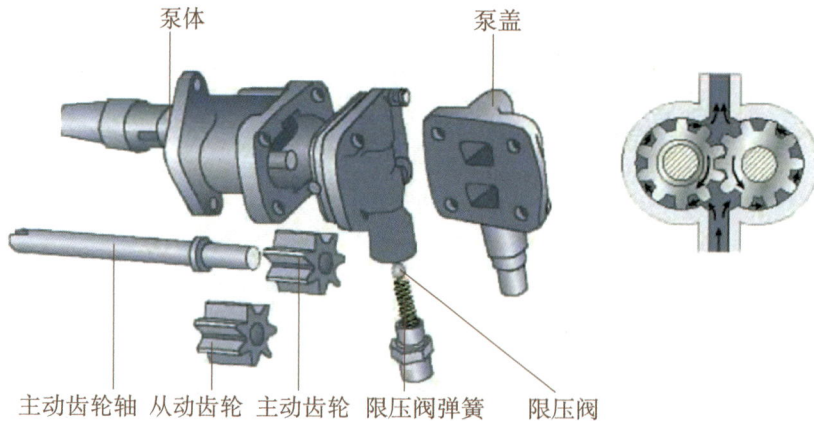

图 7-2-2 齿轮式机油泵的组成

②特点：工作可靠，结构简单，制造方便和泵油压力较高，所以得到广泛采用。

③工作原理：当齿轮转动时，齿轮脱开侧的空间的体积从小变大，形成真空，将液体吸入；齿轮啮合侧的空间的体积从大变小，而将液体挤入管路中去，如图 7-2-3 所示。

图 7-2-3 齿轮式机油泵的工作原理

（2）转子式机油泵

①组成：转子式机油泵由壳体、内转子、外转子、限压阀和泵盖等组成，如图 7-2-4 所示。

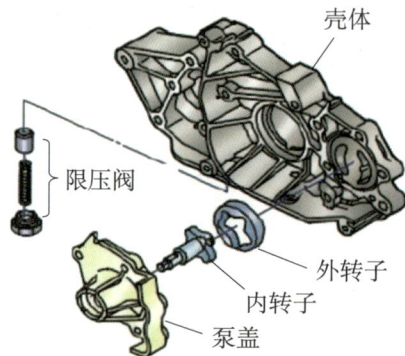

图 7-2-4 转子式机油泵的组成

②特点：转子式机油泵结构紧凑，外形尺寸小，重量轻，吸油真空度较大，泵油量大，供油均匀性好，成本低，在中、小型发动机上应用广泛。其缺点是内、外转子啮合表面的滑动阻力比齿轮泵大，因此功率消耗较大。

③工作原理：转子齿形齿廓设计得使转子转到任何角度时，内、外转子每个齿的齿形廓线上总能互相成点接触。这样内、外转子间形成 4 个工作腔，随着转子的转动，这 4 个工作腔的容积是不断变化的。在进油道的一侧空腔，由于转子脱开啮合，容积逐渐增大，产生真空，机油被吸入，转子继续旋转，机油被带到出油道的一侧，这时，转子正好进入啮合，使这一空腔容积减小，油压升高，机

油从齿间挤出并经出油道压送出去。这样，随着转子的不断旋转，机油就不断地被吸入和压出，如图7-2-5 所示。

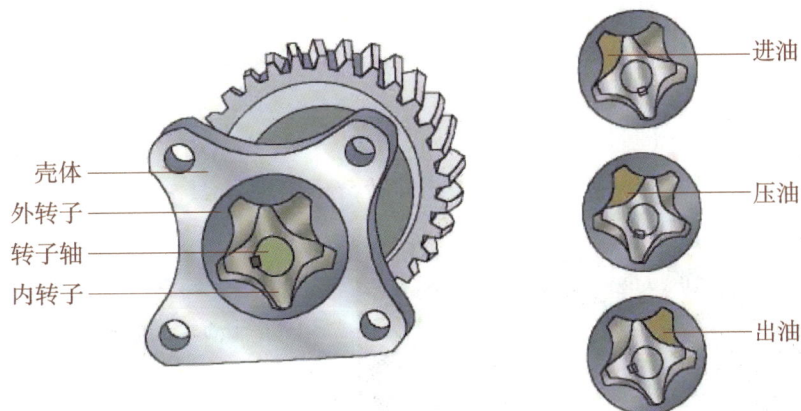

壳体
外转子
转子轴
内转子

进油

压油

出油

图 7-2-5　转子式机油泵的工作原理

2. 机油滤清装置

功用：对不断循环的机油进行过滤，清除机油中的各种杂质，清洁润滑机油。

类型：机油集滤器、机油滤清器。

（1）机油集滤器

一般为金属丝滤网，装在机油泵之前，串联在油路中，主要是防止机油中一些颗粒较大的杂质进入机油泵，如图 7-2-6 所示。

图 7-2-6　机油集滤器

（2）机油滤清器

机油滤清器（见图 7-2-7），又称机油格。用于去除机油中的灰尘、金属颗粒、碳沉淀物和煤烟颗粒等杂质，以保护发动机。

机油滤清器有全流式与分流式之分。全流式滤清器串联于机油泵和主油道之间，因此能滤清进入主油道的全部润滑油。分流式滤清器与主油道并联，仅过滤机油泵送出的部分润滑油。

图 7-2-7　机油滤清器　　　　　图 7-2-8　油底壳

3.油底壳和油尺

（1）油底壳：曲轴箱的下半部，又称下曲轴箱（见图7-2-8）

作用：封闭曲轴箱作为贮油槽的外壳，防止杂质进入，并收集和储存由发动机各摩擦表面流回的润滑油，散去部分热量，防止润滑油氧化。此外，油底壳底部最低处还装有放油螺栓。

（2）油尺

检查发动机机油量的多少（见图7-2-9）。

检查发动机机油量应在发动机起动之前或停止运转5min以后，其油量应保持在油尺的上下限之间。

图 7-2-9　油尺

小试牛刀

1.机油泵按主要运动件和运动方式分为_____、_____、_____三种。

2.齿轮泵按啮合方式分为_____、_____。

3.油底壳的作用是_____，_____。

4.摆线齿轮机油泵一般称_____。

5.检查发动机机油量应在_____以后，其油量应保持在油尺的_____之间。

6.齿轮式机油泵由主动轴、_____、从动轴、_____、_____、泵体与前后盖等组成。

7.齿轮式机油泵是_____，_____，制造方便和泵油压力较高，所以得到广泛采用。

8.机油泵工作时，当一工作腔从吸油腔转过，容积增大，产生真空，此时_____油；当工作腔转到与压油腔相通时，容积变小，油压升高，此时_____油。

9.转子式机油泵结构紧凑，外形尺寸_____，重量_____，吸油真空度较_____，泵油量大，供油均匀性好，成本低，在_____发动机上应用广泛。

知识点 2　机油压力监控

1.机油压力警告灯

发动机工作时，机油压力一般保持在150～350kPa的压力范围内。若机油压力表指示的压力值小于98kPa，则可视为机油压力过低，应立即停车进行检查，否则容易造成零件过度磨损，甚至发生"烧瓦抱轴"等重大机械故障（见图 7-2-10）。

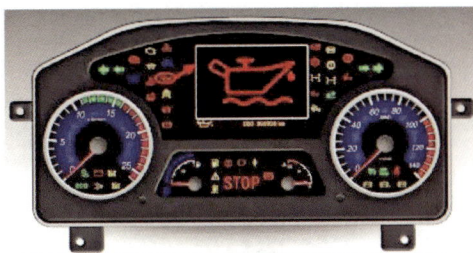

图 7-2-10　机油压力警告灯

2. 机油压力异常原因

（1）机油压力过低：会造成发动机润滑不足，加剧发动机零部件的磨损，影响发动机的寿命。造成机油压力过低的原因可能是：

①机油压力传感器性能不佳；

②机油过稀、机油黏度降低；

③机油泵供油能力不足；

④机油管路有泄漏；

⑤机油限压阀调整不当、关闭不严或其弹簧折断；

⑥机油集滤器滤网堵塞；

⑦曲轴主轴承、连杆轴承或凸轮轴轴承磨损、间隙过大或轴承盖松动。

（2）机油压力过高：会造成油封油管损坏，消耗过多的发动机动力。造成机油压力过高的原因可能是：

①机油黏度过大；

②机油限压阀调整不当；

③润滑油道有堵塞，阻止了润滑油的流动；

④主轴承、连杆轴承或凸轮轴轴承间隙过小；

⑤机油滤清器堵塞，且旁通阀开启困难；

⑥机油压力传感器工作不良。

小试牛刀

1. 发动机工作时，机油压力一般保持在_____的压力范围内。

2. 汽车仪表盘中机油压力指示灯为_____。（请画出）

3. 机油压力过低，会造成发动机_____，加剧发动机零部件的_____，影响发动机的寿命。可能的原因有_____、_____、_____、_____等。

4. 机油压力过高，会造成_____损坏，消耗过多的发动机_____。可能的原因有_____、_____、_____、_____、_____等。

5. 查找一个汽车润滑系统故障的案例，并简述汽车故障现象、维修过程以及故障原因。

_____

_____

课中实践

一　能力测评

请扫码完成相应的能力测评。

二　工作任务

1. 任务分组

班级		组号		指导老师	
组长		承担任务			
组员及分工	姓名	承担任务	姓名		承担任务

2. 任务实践

作业内容	图解	技术提要
1. 任务准备		1. 设备：科鲁兹 1.6LDE 发动机 4 台 2. 工具：世达工具 4 套、发动机拆装工作台 4 套，刀口尺 4 把、厚薄规 4 把、毛刷 4 把、油盆、机油、煤油多媒体设备 4 套
2. 拆卸发动机前盖		使用_____号套筒及适当的工具拆卸发动机前盖螺栓，分两次由_____顺序卸力后拆下 8 个螺栓

续表

作业内容	图解	技术提要
3. 取下发动机前盖密封垫		1. 使用_____工具轻轻敲下发动机前盖四周 2. 取下前盖密封垫
4. 拆卸机油泵端盖		使用_____号套筒及合适的工具_____顺序拆卸 6 个机油泵端盖螺栓
5. 取出机油泵转子		分两次取出机油泵内、外转子，放置于_____上
6. 清洁机油泵壳体及各零部件		1. 用_____清洁各部件表面的污垢 2. 用气枪吹净后，_____检查表面，如有异常损坏需更换

续表

作业内容	图解	技术提要
7. 装入内、外转子		安装内、外转子时需注意方向
8. 平面度检测		1. 用吸油纸清洁刀口尺、塞尺表面，将刀口尺放置于转子与壳体所在的平面上，目测检查透光点，然后进行测量并记录数据，测量结果为_____mm 名称／标准（mm） 机油泵平面度 2. 对测量结果判断，制定维修方案（更换、维修、磨削）
9. 测量内、外转子齿顶端面间隙		使用塞尺测量内、外转子齿顶端面间隙，测量结果为_____mm，标准值为_____mm
10. 安装机油泵端盖		对角线拧紧机油泵端盖，拧紧力矩为_____N·m。

作业内容	图解	技术提要
11. 安装前端盖		1. 更换新的同型号密封垫和曲轴前油封 2. 由中间向两边安装前端盖螺栓，拧紧力矩为_____N·m。
12. 5S 管理		按照技术要求完成 5S 项目

3. 实施总结

评价内容	赋分	序号	具体指标	分值自评	得分 组评	师评	
仪容仪表	15	1	工作服、鞋、胸卡穿戴整洁	5			
		2	发型、指甲等符合工作要求	5			
		3	不佩戴首饰、钥匙、手表等	5			
学习及工作过程	65	4	润滑系统各部件的作用	5			
		5	机油泵的分类与工作原理	5			
		6	影响机油压力的原因	5			
		7	拆卸发动机前盖	5			
		8	取下发动机前盖密封垫	5			
		9	拆卸机油泵端盖	5			
		10	取出机油泵转子	5			
		11	清洁机油泵壳体及各零部件	5			
		12	装入	5			
		13	平面度检测	5			
		14	测量内、外转子齿顶端面间隙	5			
		15	安装机油泵端盖	5			
		16	安装前端盖	5			
职业素养	20	17	坚持出勤，遵守规章制度	5			
		18	服从安排，积极参加组内活动	5			
		19	在规定时间完成，认真填写工单	5			
		20	认真执行 5S 工作	5			
综合得分				100			

续表

评价内容	赋分	序号	具体指标	分值 自评	得分	
					组评	师评
总结反馈			团队分工与合作的方面			
			熟练掌握与运用的方面			
			需要巩固与提升的方面			
			改进措施与路径的方面			

三 学习目标达成情况

序号	学习内容（知识、技能、行为习惯、职业素养）	评价标准			
		了解知道	理解掌握	指导下操作	独立操作

▶▶ 课后延伸

一 理论测试

扫码完成理论测试。

二 任务实施巩固

要求：对操作过程用思维导图方法进行总结。

汽车技术专业项目化课程评价

同学们，本项目学习结束了，感谢你始终如一地努力学习和积极配合。为了能使我们不断地作出改进，提高专业教学效果，我们珍视各种建议、创意和批评。为此，我们很乐于了解你对本项目学习的真实看法。当然，这一过程中所收集的数据采用不记名的方式，我们都将保密，且不会透漏给第三方。对于有些问题，只需打"√"作出选择，有些问题，则请以几个关键词给出一个简单的答案。

项目名称：＿＿＿＿　教师姓名：＿＿＿＿

课程时间：　年　　月　　日—　　日　第　　周

授课地点：＿＿＿＿

	很满意	满意	一般	不满意	很不满意

模块教学组织评价

	很满意	满意	一般	不满意	很不满意
1. 你对实训楼整个教学秩序是否满意?	☐	☐	☐	☐	☐
2. 你对实训楼整个环境卫生状况是否满意?	☐	☐	☐	☐	☐
3. 你对实训楼学生整体的纪律表现是否满意?	☐	☐	☐	☐	☐
4. 你对你们这一小组的总体表现是否满意?	☐	☐	☐	☐	☐
5. 你对这种理实一体的教学模式是否满意?	☐	☐	☐	☐	☐

培训教师评价

	很满意	满意	一般	不满意	很不满意
6. 你如何评价培训教师（总体印象 / 能力 / 表达能力 / 说服力）?	☐	☐	☐	☐	☐
7. 教师组织培训通俗易懂，结构清晰。	☐	☐	☐	☐	☐
8. 教师非常关注学生的反应。	☐	☐	☐	☐	☐
9. 教师能认真指导学生，对任何学生都不放弃。	☐	☐	☐	☐	☐
10. 你对培训氛围是否满意?	☐	☐	☐	☐	☐
11. 你认为理论和实践的比例分配是否合适?	☐	☐	☐	☐	☐
12. 你对教师在岗情况是否满意（上课经常不在培训室、接打手机等）?					

培训内容评价

	很满意	满意	一般	不满意	很不满意
13. 你对培训涉及的题目及内容是否满意?	☐	☐	☐	☐	☐
14. 课程内容是否适合你的知识水平?	☐	☐	☐	☐	☐
15. 培训中使用的各种器材是否丰富?	☐	☐	☐	☐	☐
16. 你对发放的学生手册和学生工作手册是否满意?	☐	☐	☐	☐	☐

请回答下列问题

1. 在培训组织的哪些方面还需要进一步改进?

＿＿＿＿＿＿＿＿＿＿＿＿＿＿＿＿＿＿＿＿＿＿＿＿＿＿＿＿＿＿＿＿＿＿＿＿＿＿

＿＿＿＿＿＿＿＿＿＿＿＿＿＿＿＿＿＿＿＿＿＿＿＿＿＿＿＿＿＿＿＿＿＿＿＿＿＿

＿＿＿＿＿＿＿＿＿＿＿＿＿＿＿＿＿＿＿＿＿＿＿＿＿＿＿＿＿＿＿＿＿＿＿＿＿＿

2. 哪些培训内容你特别感兴趣，为什么？

_____

_____

_____

3. 哪些培训内容你不是特别感兴趣，为什么？

_____

_____

_____

4. 关于培训内容，是否还有你想学但老师这次没有涉及的？如有，请指出。

_____

_____

_____

5. 你对哪些培训内容比较满意？哪些方面还需要进一步改进？

_____

_____

_____

6. 你希望每次活动都给小组留有一定讨论时间吗？你认为多长时间合适？

_____

_____

_____

7. 通过这个项目的学习，你最想对自己说些什么？

_____

_____

_____

8. 通过这个项目的学习，你最想对教授本项目的教师说些什么？

_____

_____

_____

项目 8
起动系统的拆装与检测

项目描述

由静止状态过渡到工作状态，必须要先用外力转动发动机的曲轴，发动机才能自行运转，进而工作循环才能自动进行。因此，曲轴在外力作用下从开始转动到发动机开始自动地怠速运转的全过程，称为"发动机的起动"。完成起动过程所需的装置，称为"发动机的起动系统"。

通过本项目的学习，要在知识、技能、行为习惯、职业素养等方面达到学思用贯通、知信行统一，养成精益求精的工匠精神、绿色环保的责任意识以及吃苦耐劳的卓越品质，并将尊重创造、敬业奉献、服务人民融入学习生活中。

学习路径

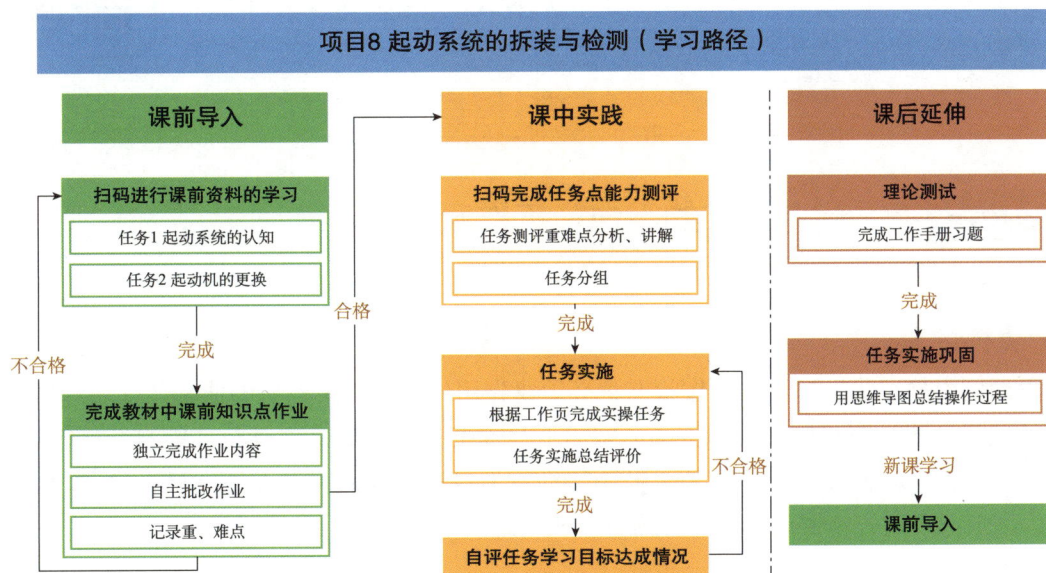

学习目标

```
项目8 ┬── 任务1  起动系统的认知 ──< 1.掌握起动系统的组成及工作原理。
      │                              2.了解起动系统的分类。
      │                              3.养成良好的服务和规范意识。
      │
      └── 任务2  起动机的更换 ──< 1.掌握起动机的组成及工作原理。
                                     2.规范地进行起动机的更换。
                                     3.养成规范意识及精益求精的工匠精神。
```

任务 1 起动系统的认知

任务案例

通用科鲁兹品牌4S店的维修部接到一辆维修轿车。据称，该车出现无法起动的现象。经检查，蓄电池电压正常，诊断仪报起动系统的相关故障代码，维修人员怀疑可能是由于起动系统故障导致此现象。对于这种情况我们该怎么解决？

课前导入

同学们，为了完成本次工作任务，请在课前利用多种途径查阅资料预习相关知识点，也可扫一扫右方二维码进行课前资料学习，熟悉相关应知应会知识点，并完成下面的学习任务。

课前学习资料

知识点 1 起动系统的组成及工作原理

1. 发动机的起动

要使发动机由静止状态过渡到工作状态，必须要先用外力转动发动机的曲轴，使活塞做往复运动，气缸内的可燃混合气燃烧膨胀做功，推动活塞向下运动使曲轴旋转，发动机才能自行运转，工作循环才能自动进行。因此，曲轴在外力作用下开始转动到发动机开始自动地怠速运转的全过程，称为发动机的起动。完成起动过程所需的装置，称为发动机的起动系。

2. 起动系统的组成

起动系统由起动机、蓄电池、飞轮、起动继电器、起动开关、起动电路等组成，如图 8-1-1 所示。

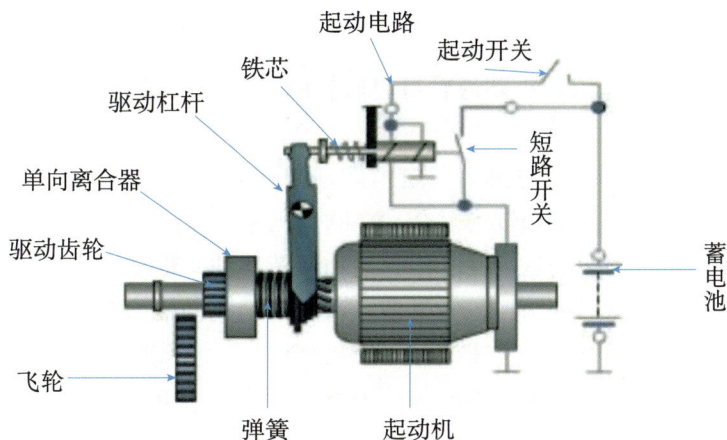

图 8-1-1　起动系统的组成

3. 起动原理

起动时，接通起动开关，起动机电路通电，继电器的吸引线圈和保持线圈通电，产生很强的磁力，吸引铁芯左移，并带动驱动杠杆绕其销轴转动，使齿轮移出与飞轮齿圈啮合。与此同时，由于吸引线圈的电流通过电动机的绕组，电枢开始转动，齿轮在旋转中移出，减小冲击。当铁芯移动到使短路开关闭合的位置时，短路线路接通，吸引线圈被短路，失去作用，保持线圈所产生的磁力足以维持铁芯处于开关吸合的位置。

小试牛刀

1. 请查阅科鲁兹汽车维修手册起动系统，简述 LDE 型发动机起动原理。

_____

_____

_____

2. 绘图：请查阅科鲁兹汽车维修手册，完成 LDE 型发动机起动电路图绘制。

知识点 2 起动系统的类型

1.按驱动齿轮啮合方式分

（1）惯性啮合式：起动时，依靠驱动齿轮自身旋转的惯性与飞轮齿环啮合。惯性啮合方式结构简单，但工作可靠性较差，现很少采用。

（2）电枢移动式：靠磁极产生的电磁力使电枢做轴向移动，带动固定在电枢轴上的驱动齿轮与飞轮齿环啮合。电枢移动式起动机其结构较为复杂，在欧洲国家生产的柴油车上使用较多。

（3）磁极移动式：靠磁极产生的磁力使其中的活动铁芯移动，带动驱动齿轮与飞轮齿环啮合。磁极移动式起动机其磁极的结构较为复杂，目前采用此种结构形式的起动机已不多见。

（4）齿轮移动式：靠电磁开关推动电枢轴孔内的啮合杆而使驱动齿轮与飞轮齿环啮合。齿轮移动式起动机其结构也比较复杂，采用此种结构的一般为大功率的起动机。

（5）强制啮合式：靠电磁力通过拨叉或直接推动驱动齿轮做轴向移动与飞轮齿环啮合。强制啮合式起动机工作可靠、结构也不复杂，使用最为广泛。

2.按传动机构结构分

（1）非减速起动机：起动机与驱动齿轮之间直接通过单向离合器传动。一直以来，汽车上使用的起动机其传动机构均为这种机构。

（2）减速起动机：在起动机与驱动齿轮之间增设了一组减速齿轮。减速起动机具有结构尺寸小、质量小、起动可靠等优点，在一些轿车上应用日渐增多。

课中实践

一 能力测评

请扫码完成相应的能力测评。

二 工作任务

1.任务分组

班级		组号		指导老师	
组长		承担任务			
组员及分工	姓名	承担任务		姓名	承担任务

2.任务实践

作业内容	图解	技术提要
1.任务准备		1.设备：科鲁兹、举升机 2.工具：成套组合工具车、工作台、手电筒 3.辅助材料：翼子板布和前格栅布、三件套、抹布、手套、垫块
2.找出起动继电器		观察主保险丝盒盖，找到相应继电器的位置
3.举升车辆		1.将车辆举升到合适高度 2.车辆举升过程中严禁周围站人或在其周围走动
4.找出起动机		借助电筒，从汽车底部靠近飞轮找到起动机
5.找出起动机的电路连接		观察起动机的线路连接

续表

作业内容	图解	技术提要
6.5S 管理		按照技术要求完成 5S 项目

3. 实施总结

评价内容	赋分	序号	具体指标	分值	得分 自评	得分 组评	得分 师评
仪容仪表	15	1	工作服、鞋、胸卡穿戴整洁	5			
		2	发型、指甲等符合工作要求	5			
		3	不佩戴首饰、钥匙、手表等	5			
学习及工作过程	60	4	能说出起动系统的组成	6			
		5	能说出起动系统的作用	6			
		6	能说出起动系统的分类	6			
		7	准备车辆	7			
		8	找出起动继电器	7			
		9	举升车辆	7			
		10	找出起动机	7			
		11	找出起动机的电路连接	7			
		12	操作规范，小组合作好	7			
职业素养	25	13	坚持出勤，遵守规章制度	5			
		14	服从安排，积极参加组内活动	5			
		15	在规定时间完成，认真填写工单	5			
		16	节约用水、用电、用气，注意环保	5			
		17	执行 5S 工作	5			
			综合得分	100			
总结反馈			团队分工与合作的方面				
			熟练掌握与运用的方面				
			需要巩固与提升的方面				
			改进措施与路径的方面				

三　学习目标达成情况

序号	学习内容（知识、技能、行为习惯、职业素养）	评价标准			
		了解知道	理解掌握	指导下操作	独立操作

课后延伸

一　理论测试

扫码完成理论测试。

二　任务实施巩固

要求：对操作过程用思维导图方法进行总结。

任务2 起动机的更换

任务案例

通用科鲁兹品牌 4S 店的维修部接到一辆维修轿车。经维修人员检查发现起动机已损坏，需更换原车的起动机。对于这种情况我们该怎么去做？

课前导入

同学们，为了完成本次工作任务，请在课前利用多种途径查阅资料预习相关知识点，也可扫一扫右方二维码进行课前资料学习，熟悉相关应知应会知识点，并完成下面的学习任务。

课前学习资料

知识点 1 起动机的组成

1. 组成

起动机一般由三部分组成，如图 8-2-1 所示。

图 8-2-1 起动机

（1）直流串激式电动机：其作用是产生转矩。

（2）传动机构（或称啮合机构）：其作用是在发动机起动时，使起动机驱动齿轮啮入飞轮齿环，将起动机转矩传给发动机曲轴；而在发动机起动后，使驱动齿轮打滑与飞轮齿环自动脱开。

（3）控制装置（开关）：用来接通和切断起动机与蓄电池之间的电路。在有些汽车上，还具有接入和隔除点火线圈附加电阻的作用。

2. 直流电动机的结构

直流电动机由磁极、电枢、换向器以及机壳部件组成。电枢绕组与磁场绕组串联，称此种直流电动机为串联式直流电动机。

（1）磁极。由固定在机壳上的磁极铁芯和缠绕在铁芯上的磁场绕组组成，磁场绕组所产生的磁极应该是相互交错的。一般采用四个磁极，功率大于 7.35kW 的起动机个别采用 6 个磁极。

（2）电枢与换向器。电枢由外圆带槽的硅钢片叠成的铁芯、电枢轴和电枢绕组等组成，起动机工作时，通过电枢绕组和磁场绕组的电流达几百安或更大，因此其磁场绕组和电枢绕组一般采用矩形断面的裸铜线绕制。

换向器由许多换向片组成，换向片的内侧呈燕尾形，嵌装在轴套上，其外围呈圆形。换向片与换向片之间均用云母绝缘。

（3）电刷与电刷架。用来连接磁场绕组和电枢绕组的电路，并使电枢轴上产生的电磁力矩保持固定方向。

电刷用含铜石墨制成，装在端盖上的电刷架中，通过电刷弹簧保持与换向片之间具有适当的压力。电动机内装有四个电刷架，其中两个电刷架与机壳直接相连构成电路搭铁，称为搭铁电刷架。

3. 传动机构

普通起动机传动机构又称啮合机构或啮合器，其主要组成部分是单向离合器。其作用是，起动时将电枢的电磁转矩传递给发动机飞轮，而在发动机起动后，就立即打滑，以防止发动机飞轮带动起动机电枢高速旋转而造成飞散事故。

起动机常见的单向离合器有滚柱式、摩擦式、扭簧式、棘轮式等几种。

4. 电磁开关

电磁开关安装在起动机的上部，用来控制起动机驱动齿轮与飞轮的啮合与分离，以及电动机电路的接通和切断，电磁开关主要由吸引线圈、保持线圈、活动铁芯、接触盘、触点等组成。对于汽油发动机用起动机，电磁开关内还有点火线圈附加电阻短路触点，通过电磁开关外壳上的接线柱与点火线圈初级绕组相连。

如图 8-2-2 所示，接通起动开关后，吸引线圈和保持线圈通电，在吸引线圈和保持线圈电磁力的共同作用下，使活动铁芯克服弹簧力右移，活动铁芯带动拨叉移动，将驱动齿轮推向飞轮，当驱动齿轮与飞轮啮合时，接触盘也被活动铁芯推至与触点接触位置，使起动机通入起动电流，产生电磁转矩起动发动机。接触盘接触后，吸引线圈被短路，活动铁芯靠保持线圈的电磁力保持其啮合位置。

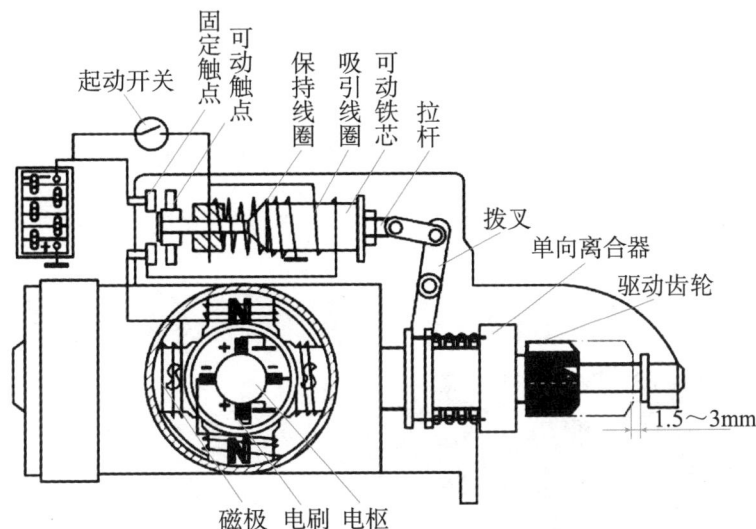

图 8-2-2　起动机的电路

小试牛刀

起动系统的常见故障有哪些?

_____

_____

课中实践

一 能力测评

请扫码完成相应的能力测评。

二 工作任务

1. 任务分组

班级		组号		指导老师	
组长		承担任务			
组员及分工	姓名	承担任务		姓名	承担任务

2. 任务实践

作业内容	图解	技术提要
1. 任务准备		1. 设备：科鲁兹、举升机 2. 工具：成套组合工具车、工作台、手电筒 3. 辅助材料：翼子板布和前格栅布、三件套、抹布、手套、垫块

作业内容	图解	技术提要
2. 从蓄电池负极端子断开电缆		1. 关闭_____开关 2. 用_____号套筒松开负极电缆 3. 对拆下的电缆做好保护
3. 举升车辆		1. 将车辆举升到合适高度 2. 车辆举升过程中严禁周围站人或在其周围走动
4. 拆下起动机和发电机正极电缆螺母		1. 选择_____号套筒拆下螺栓 2. 对拆下的电缆做好保护
5. 取下起动机和发电机正极电缆		1. 拆下螺栓后，取下端子 2. 对拆下的电缆做好保护

续表

作业内容	图解	技术提要
6. 拆下起动机正极电缆螺母		1. 选择_____号套筒拆下螺栓 2. 对拆下的电缆做好保护
7. 取下起动机正极电缆		1. 拆下螺栓后，取下端子 2. 对拆下的电缆做好保护
8. 拆下起动机搭铁电缆螺母		1. 拆下螺栓后，取下端子 2. 对拆下的电缆做好保护
9. 取下起动机搭铁电缆		1. 拆下螺栓后，取下端子 2. 对拆下的电缆做好保护

作业内容	图解	技术提要
10. 拆下起动机双头螺栓		1. 选择_____号套筒拆下固定螺栓 2. 分两次卸力后拆下螺栓
11. 拆下起动机螺栓		1. 选择_____号套筒拆下固定螺栓 2. 螺栓松掉时需用手拖住起动机
12. 取下发动机		1. 拆卸起动机放在工具车上 2. 对起动机与飞轮处做好保护
13. 安装起动机		1. 更换新的起动机,将起动机按照规定扭矩安装在车上 2. 正确安装插接器 表格见下

13. 安装起动机 技术提要表格:

名称	标准(N·m)
起动机螺栓	
起动机搭铁电缆	
起动机正极电缆螺母	

续表

作业内容	图解	技术提要
14.5S 管理		按照技术要求完成 5S 项目

3. 实施总结

评价内容	赋分	序号	具体指标	分值	得分		
					自评	组评	师评
仪容仪表	15	1	工作服、鞋、胸卡穿戴整洁	5			
		2	发型、指甲等符合工作要求	5			
		3	不佩戴首饰、钥匙、手表等	5			
学习及工作过程	60	4	能说出起动机的作用	2			
		5	能说出起动机的组成	2			
		6	准备车辆	4			
		7	从蓄电池负极端子断开电缆	4			
		8	举升车辆	4			
		9	拆下起动机和发电机正极电缆螺母	4			
		10	取下起动机和发电机正极电缆	4			
		11	拆下起动机正极电缆螺母	4			
		12	取下起动机正极电缆	4			
		13	拆下起动机搭铁电缆螺母	4			
		14	取下起动机搭铁电缆	4			
		15	拆下起动机双头螺栓	4			
		16	拆下起动机螺栓	4			
		17	取下发动机	4			
		18	安装起动机	4			
		19	操作规范，小组合作好	4			
职业素养	25	20	坚持出勤，遵守规章制度	5			
		21	服从安排，积极参加组内活动	5			
		22	在规定时间完成，认真填写工单	5			
		23	节约用水、用电、用气，注意环保	5			
		24	执行 5S 工作	5			
综合得分				100			

评价内容	赋分	序号	具体指标	分值	得分		
					自评	组评	师评
总结反馈			团队分工与合作的方面				
			熟练掌握与运用的方面				
			需要巩固与提升的方面				
			改进措施与路径的方面				

三　学习目标达成情况

序号	学习内容（知识、技能、行为习惯、职业素养）	评价标准			
		了解知道	理解掌握	指导下操作	独立操作

课后延伸

一　理论测试

扫码完成理论测试。

二　任务实施巩固

要求：对操作过程用思维导图方法进行总结。

汽车技术专业项目化课程评价

同学们，本项目学习结束了，感谢你始终如一地努力学习和积极配合。为了能使我们不断地作出改进，提高专业教学效果，我们珍视各种建议、创意和批评。为此，我们很乐于了解你对本项目学习的真实看法。当然，这一过程中所收集的数据采用不记名的方式，我们都将保密，且不会透漏给第三方。对于有些问题，只需打"√"作出选择，有些问题，则请以几个关键词给出一个简单的答案。

项目名称：＿＿＿＿＿ 教师姓名：＿＿＿＿＿

课程时间： 年 月 日— 日 第 周

授课地点：＿＿＿＿＿

	很满意	满意	一般	不满意	很不满意

模块教学组织评价

1. 你对实训楼整个教学秩序是否满意？
2. 你对实训楼整个环境卫生状况是否满意？
3. 你对实训楼学生整体的纪律表现是否满意？
4. 你对你们这一小组的总体表现是否满意？
5. 你对这种理实一体的教学模式是否满意？

培训教师评价

6. 你如何评价培训教师（总体印象/能力/表达能力/说服力）？
7. 教师组织培训通俗易懂，结构清晰。
8. 教师非常关注学生的反应。
9. 教师能认真指导学生，对任何学生都不放弃。
10. 你对培训氛围是否满意？
11. 你认为理论和实践的比例分配是否合适？
12. 你对教师在岗情况是否满意（上课经常不在培训室、接打手机等）？

培训内容评价

13. 你对培训涉及的题目及内容是否满意？
14. 课程内容是否适合你的知识水平？
15. 培训中使用的各种器材是否丰富？
16. 你对发放的学生手册和学生工作手册是否满意？

请回答下列问题

1. 在培训组织的哪些方面还需要进一步改进？

＿＿＿＿＿＿＿＿＿＿＿＿＿＿＿＿＿＿＿＿＿＿＿

＿＿＿＿＿＿＿＿＿＿＿＿＿＿＿＿＿＿＿＿＿＿＿

＿＿＿＿＿＿＿＿＿＿＿＿＿＿＿＿＿＿＿＿＿＿＿

2.哪些培训内容你特别感兴趣，为什么？

_____

_____

_____

3.哪些培训内容你不是特别感兴趣，为什么？

_____

_____

_____

4.关于培训内容，是否还有你想学但老师这次没有涉及的？如有，请指出。

_____

_____

_____

5.你对哪些培训内容比较满意？哪些方面还需要进一步改进？

_____

_____

_____

6.你希望每次活动都给小组留有一定讨论时间吗？你认为多长时间合适？

_____

_____

_____

7.通过这个项目的学习，你最想对自己说些什么？

_____

_____

_____

8.通过这个项目的学习，你最想对教授本项目的教师说些什么？

_____

_____

_____